Méthode de français A1.1

Hugues Denisot

Marianne Capouet

Présentation d'un parcours

Trois doubles-pages de leçon

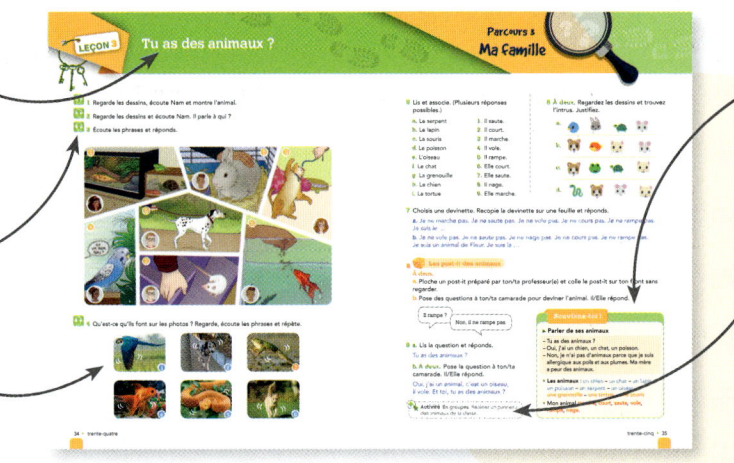

Un objectif communicatif sous la forme d'une question

Des consignes claires et des modalités de travail variées

Des jeux et des activités à faire seul(e) ou à plusieurs

Un rappel des points de langue et des actes de paroles

« Activités + » : des ressources riches et modulables pour répondre à toutes les situations de classe (niveaux hétérogènes, volumes horaires variables…)

Une page « Je découvre »

Une page « Mes projets »

Des thèmes variés pour stimuler la curiosité des élèves

Un document de source authentique pour découvrir le sujet de la leçon

Une tâche créative à réaliser en interaction

Une double-page « Jeu d'évasion » coopératif

À la fin de chaque parcours, un jeu d'évasion entraîne la classe dans l'univers d'une personnalité qui accueille les élèves, annonce la mission puis révèle et valide le code secret

Six énigmes faisant appel à différentes stratégies et intelligences, pour mobiliser et tester les connaissances des élèves

Présentation des annexes

Une double-page « Quiz des talents »

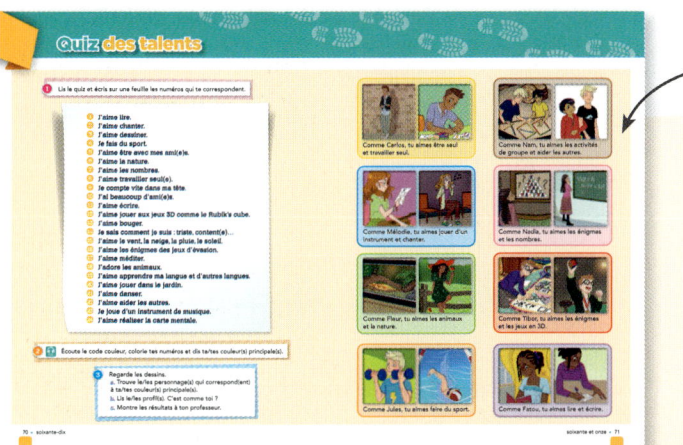

Un questionnaire pour permettre aux élèves de découvrir leurs intelligences dominantes et à quels personnages ils ressemblent

Une carte mentale illustrée

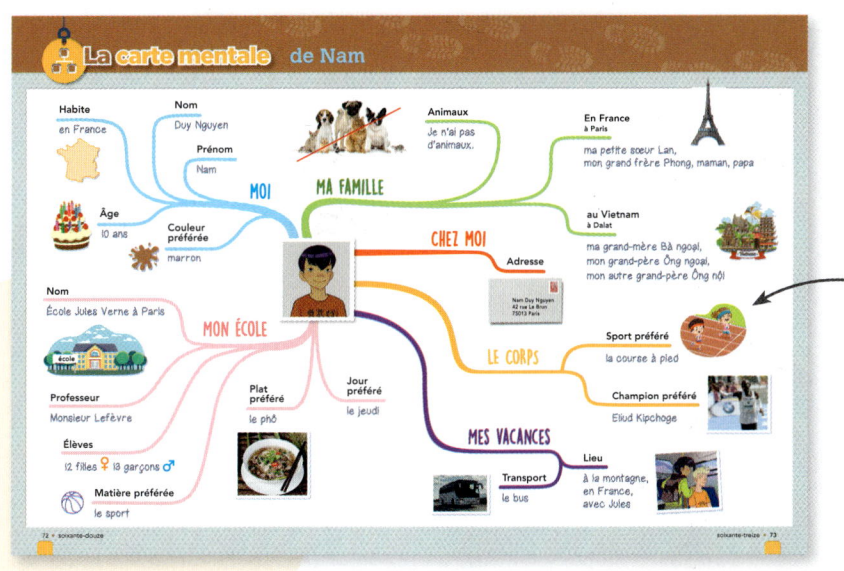

Une carte mentale à réaliser et à compléter à la fin de chaque parcours

Une grammaire visuelle

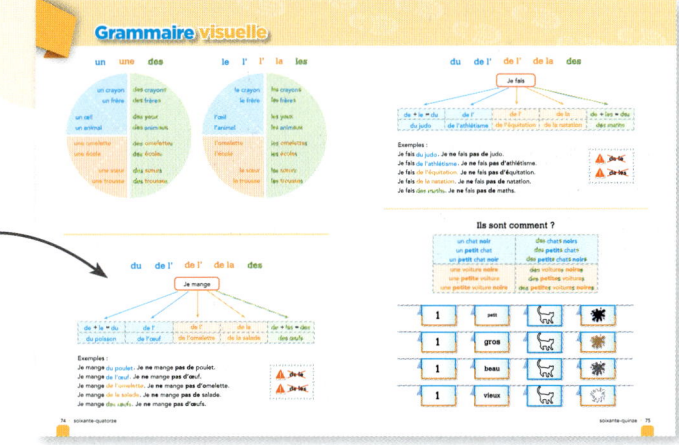

Un rappel des points de langue étudiés dans les leçons

trois • 3

Présentation des *Jeux d'évasion*

But du jeu : Résoudre les six énigmes pour pouvoir gagner une clé, sortir de la salle et accéder au parcours suivant.

Parcours 1 — Salle Adolphe Sax

Personnalité : Adolphe Sax (1814 - 1894), musicien et concepteur belge d'instruments. Il a inventé le saxophone.
Univers : l'atelier d'Adolphe Sax à Paris.
Intelligence prédominante : intelligence musicale.
Couleur de la clé : bleue.

Parcours 2 — Salle Mary Jackson

Personnalité : Mary Jackson (1921 - 2005), mathématicienne et ingénieure américaine en aérospatiale.
Univers : l'espace de travail de Mary Jackson à la NASA.
Intelligence prédominante : intelligence logico-mathématique.
Couleur de la clé : rose.

Parcours 3 — Salle Reha Hutin

Personnalité : Reha Hutin (1945), française d'origine turque née aux États-Unis, productrice de télévision, journaliste et présidente de la Fondation *30 millions d'amis*.
Univers : un refuge pour animaux.
Intelligence prédominante : intelligence du naturaliste.
Couleur de la clé : verte.

Parcours 4 — Salle Antoni Gaudi

Personnalité : Antoni Gaudí (1852 - 1926), architecte espagnol. Son œuvre la plus connue est la basilique de la Sagrada Família.
Univers : l'intérieur de la Casa Batlló à Barcelone.
Intelligence prédominante : intelligence visuo-spatiale.
Couleur de la clé : rouge.

Parcours 5 — Salle Naomi Osaka

Personnalité : Naomi Osaka (1997), joueuse de tennis japonaise, première asiatique à atteindre le rang de meilleure joueuse mondiale.
Univers : un cours de tennis.
Intelligence prédominante : intelligence kinesthésique.
Couleur de la clé : orange.

Parcours 6 — Salle Jules Verne

Personnalité : Jules Verne (1828 - 1905), écrivain français. Son roman le plus connu est *Le tour du monde en 80 jours*.
Univers : l'intérieur du Nautilus, un sous-marin de fiction imaginé par Jules Verne pour son roman *Vingt Mille Lieues sous les mers*.
Intelligence prédominante : intelligence verbo-linguistique.
Couleur de la clé : violette.

Tableau des contenus

			Communication	Lexique
Parcours 1 *Moi*	LEÇON 1	Comment tu t'appelles ? Tu as quel âge ?	• Saluer et prendre congé • Demander et dire comment on s'appelle • Demander et dire l'âge	• les salutations • les nombres de 0 à 12
	LEÇON 2	Comment ça va ?	• Demander et dire comment ça va	• les émotions
	LEÇON 3	C'est de quelle couleur ? C'est quelle forme ?	• Demander et dire la couleur • Demander et dire la forme	• les couleurs • les formes
Jeu d'évasion		**Salle Adolphe Sax**		
Parcours 2 *À l'école*	LEÇON 1	Est-ce que tu as tes affaires ?	• Parler de son matériel scolaire	• le matériel scolaire • quelques verbes liés au matériel scolaire
	LEÇON 2	On est quel jour aujourd'hui ? Qu'est-ce que tu aimes à l'école ?	• Demander et dire le jour de la semaine • Exprimer ses goûts (1)	• les jours • les nombres de 13 à 31 • les matières scolaires
	LEÇON 3	Qu'est-ce que tu aimes à la cantine ?	• Exprimer ses goûts (2)	• les aliments
Jeu d'évasion		**Salle Mary Jackson**		
Parcours 3 *Ma famille*	LEÇON 1	Tu es comment ?	• Demander et donner des caractéristiques physiques (1)	• les parties du visage, les cheveux, les yeux • quelques accessoires
	LEÇON 2	Tu habites avec qui ?	• Parler de sa famille	• la famille • les caractéristiques physiques (1)
	LEÇON 3	Tu as des animaux ?	• Parler de ses animaux	• les animaux • les déplacements des animaux
Jeu d'évasion		**Salle Reha Hutin**		
Parcours 4 *Chez moi*	LEÇON 1	Tu habites où ?	• Dire où on habite	• le logement • les nombres de 30 à 100
	LEÇON 2	C'est comment chez toi ?	• Décrire sa maison	• les pièces de la maison • quelques actions du quotidien
	LEÇON 3	Qu'est-ce qu'il y a dans ta chambre ?	• Situer dans l'espace et décrire sa chambre	• les objets de la chambre
Jeu d'évasion		**Salle Antoni Gaudí**		
Parcours 5 *Le corps*	LEÇON 1	Ils sont comment ?	• Demander et donner des caractéristiques physiques (2) • Décrire des personnes	• les parties du corps (1) • les caractéristiques physiques (2)
	LEÇON 2	Tu as mal où ?	• Dire où on a mal	• les parties du corps (2)
	LEÇON 3	Qu'est-ce que tu fais comme sport ?	• Nommer ses activités sportives	• les sports
Jeu d'évasion		**Salle Naomi Osaka**		
Parcours 6 *Mes vacances*	LEÇON 1	Tu vas où en vacances ?	• Dire où on va en vacances	• les paysages
	LEÇON 2	Tu voyages comment ?	• Dire comment on voyage	• les moyens de transport
	LEÇON 3	Quel temps il fait ? Qu'est-ce que tu portes comme vêtements ?	• Dire le temps qu'il fait • Dire les vêtements que l'on porte	• le temps • les vêtements
Jeu d'évasion		**Salle Jules Verne**		

Grammaire	Prononciation	Culture	Mes projets
• s'appeler (je, tu, il/elle, on, ils/elles) • avoir (je, tu, il/elle, on, ils/elles) + *âge*	• Reconnaître la prosodie des questions ?	• Je découvre l'alphabet	• Ma boîte à outils • Ma carte mentale
• être (je, tu, il/elle, on, ils/elles) + *adjectif* • ne… pas • C'est + *nom*			
• un, une, des • mon/ma, ton/ta, mes/tes	• Prononcer les nasales (an), (in), (on) en français	• Je découvre la Francophonie	• Mon mobile des goûts
• aimer, adorer, détester (je, tu, il/elle, on, ils/elles) + *nom* • le, l', la, les			
• préférer, manger, boire (je, tu, il/elle, on, ils/elles) + *nom* • du, de l', de la, des • être allergique à (je)			
• avoir + *nom* + *adjectif*	• Prononcer les sons (b) et (p) en français	• Je découvre les cinq sens	• Ma famille imaginaire
• habiter avec (je, tu, il/elle, on, ils/elles) • être + *adjectif*			
• avoir peur de (je, tu, il/elle)			
• habiter dans (je, tu, il/elle, on, ils/elles)	• Prononcer les sons (j) et (ch) en français	• Je découvre la capitale de la France	• Nos objets dans tous les sens
• C'est + *adjectif* • Il y a + *nom* • les prépositions de lieu			
• le pluriel des adjectifs	• Différencier la prosodie d'une affirmation (.), d'une question (?) et d'une exclamation (!)	• Je découvre les jeux Paralympiques	• Notre chorégraphie de zumba
• avoir mal au/à l'/à la/aux + *nom* • faire du/de l'/de la/des (je, tu, il/elle, on, ils/elles) + *nom*			
• rester en/au/aux/à (je, tu, il/elle, on, nous, vous, ils/elles) + *pays/ville/paysage* • aller en/au/aux/à (je, tu, il/elle, on, nous, vous, ils/elles) + *pays/ville/paysage* • voyager à/en (je, tu, il/elle, on, nous, vous, ils/elles) + *moyen de transport* • Il y a du/des + *nom* • Il pleut, il neige, il fait froid, il fait chaud • porter (je, tu, il/elle, on, nous, vous, ils/elles)	• Prononcer les sons (v) et (b) en français	• Je découvre la géographie de la France métropolitaine	• Ma carte postale

Annexes

Quiz des talents .... p. 70   Grammaire visuelle .... p. 74
Carte mentale .... p. 72

Sésame, ouvre-toi !

Comment on se salue en France ?

🎧 **002**

1 Regarde les dessins, écoute et répète.

2 Choisis une salutation et joue la scène avec un/une camarade.

3 Et dans ton pays ? On se salue comment ?

Ils se saluent avant le cours de français.

1 Regarde le panneau des salutations, écoute et mime.

2 Imagine d'autres salutations.

Bienvenue en classe !

Activité En groupes. Réalisez un panneau des salutations pour vous saluer avant le cours de français.

Comment tu t'appelles ?
Tu as quel âge ?

 1 Regarde les dessins, écoute les enfants de l'école Jules Verne et montre.

 2 Regarde les dessins, écoute les enfants et dis le numéro.

 3 Regarde les numéros, écoute les phrases et réponds.

 4 Écoute les phrases, montre les enfants et réponds.

①

②

③

④

⑤

⑥

⑦

⑧

Parcours 1
Moi

 5 Écoute et chante la chanson « Salut ! ».

Vidéo Chante la chanson avec des percussions corporelles.

6 **Le crayon qui tourne**

Avec ta classe, en cercle.

a. Tu es au milieu du cercle. Fais tourner ton crayon sur le sol.

b. Dis comment s'appelle ton/ta camarade montré(e) par le crayon. Tu ne sais pas ? C'est perdu. Ton/Ta camarade prend ta place et anime le jeu.

7 Lis les phrases, regarde les enfants page 10 et dis les numéros correspondants.

> Bonjour, je m'appelle Nadia, j'ai 10 ans.

> Salut, je m'appelle Fatou, j'ai 12 ans.

> Bonjour, je m'appelle Carlos, j'ai 12 ans.

> Salut, je m'appelle Jules. Et moi, je m'appelle Nam. On a 11 et 10 ans.

8 a. Lis les questions et réponds. Écris les questions et les réponses sur une feuille.

Tu es un garçon ou une fille ?
Je suis … .

Comment tu t'appelles ?
Je m'appelle … .

Tu as quel âge ?
J'ai … ans.

b. À deux. Pose les questions à ton/ta camarade. Il/Elle répond.

 9 **Prononciation**

Écoute les phrases. La voix monte ↑ ? C'est une question. Lève la main.

Souviens-toi !

▶ **Saluer et prendre congé**
▶ **Demander et dire comment on s'appelle**

– Bonjour, comment tu t'appelles ?
– Je m'appelle Mélodie.
– Au revoir Mélodie !

• **s'appeler** : je m'appell**e** – tu t'appell**es** – il s'appell**e** – elle s'appell**e** – on s'appell**e** – ils s'appell**ent** – elles s'appell**ent**

• **Les salutations** : Bonjour – Salut – Au revoir

▶ **Demander et dire l'âge**

– Tu as quel âge ?
– J'ai 11 ans. Et toi ?
– Moi aussi, j'ai 11 ans.

• **avoir** : j'**ai** – tu **as** – il **a** – elle **a** – on **a** – ils **ont** – elles **ont**

• **Les nombres de 0 à 12** : 0 (zéro) – 1 (un) – 2 (deux) – 3 (trois) – 4 (quatre) – 5 (cinq) – 6 (six) – 7 (sept) – 8 (huit) – 9 (neuf) – 10 (dix) – 11 (onze) – 12 (douze)

LEÇON 2 — Comment ça va ?

🎧 010 **1** Regarde les dessins, écoute les enfants et montre.

🎧 011 **2** Comment vont les enfants ? Écoute les phrases et réponds.

①

②

③

④

⑤

⑥

🎧 012 **3** Écoute et répète les phrases avec la bonne intonation.

4 a. Lis la question et réponds.

Comment ça va ?

b. À deux. Pose la question à ton/ta camarade. Il/Elle répond.

Parcours 1
Moi

 5 Regarde la bande dessinée et écoute les dialogues.

 6 Écoute les phrases et réponds.

7 Lis la question et réponds. Écris la réponse sur une feuille. Aide-toi des étiquettes.

Comment ça va ?

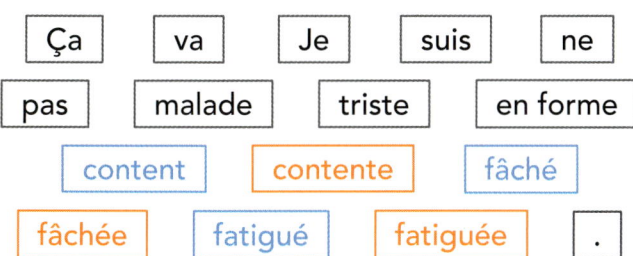

 8 a. Écoute la bande dessinée et lis les dialogues dans ta tête.

b. Apprends un rôle et joue la scène avec tes camarades.

> ### Souviens-toi !
>
> ▶ **Demander et dire comment ça va**
>
> – Comment ça va ?
> – Ça va, je suis contente. Et toi ?
> – Moi, ça ne va pas, je suis fatigué !
>
> • **être** : je suis – tu es – il est – elle est – on est – ils sont – elles sont
>
> • **Les émotions** : Il est content – en forme – triste – fâché – malade – fatigué. Elle est contente – en forme – triste – fâchée – malade – fatiguée.

treize • 13

LEÇON 3 — C'est de quelle couleur ? C'est quelle forme ?

🎧 016 **1** Regarde la rosace de Tibor, écoute et montre les couleurs.
Tu as des crayons de couleur ? Montre le crayon de couleur correspondant.

🎧 017 **2** Écoute les numéros et réponds.

🎧 018 **3** Écoute les couleurs et dis le numéro.

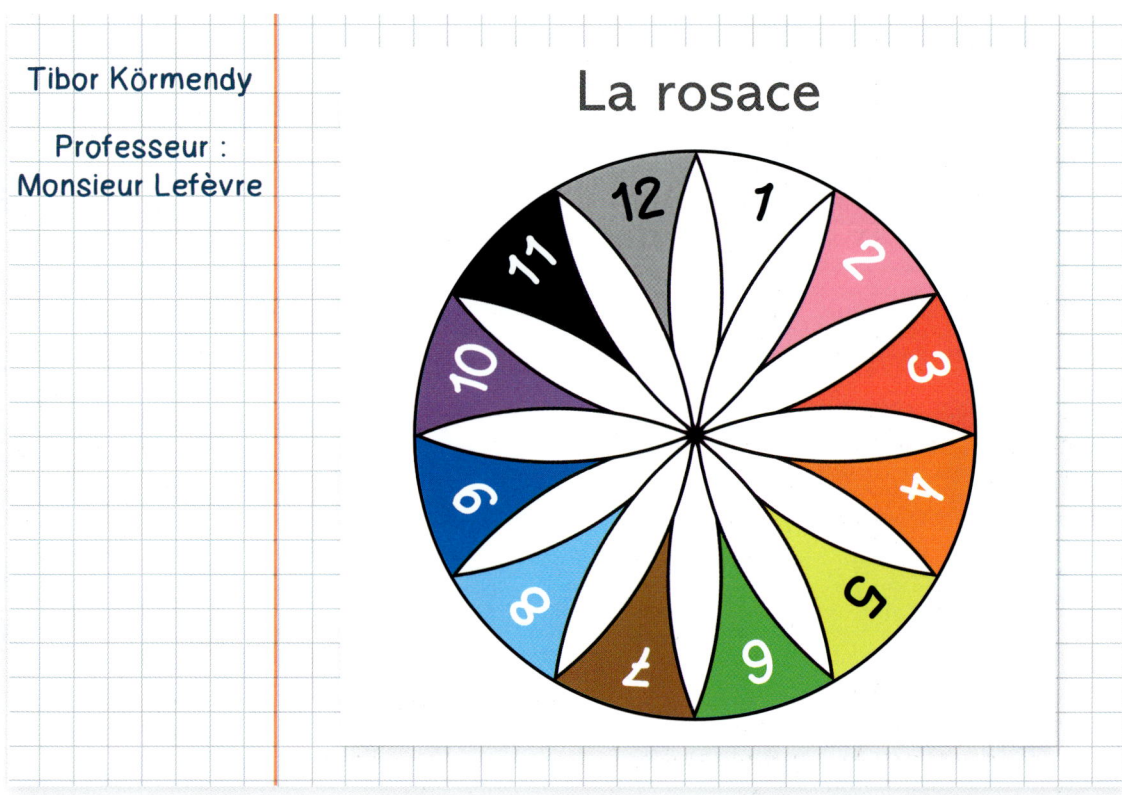

 Activité Réalise et colorie ta rosace-toupie. Lance ta rosace-toupie et dis la couleur.

4 a. Lis la question et réponds.

C'est de quelle couleur ?

- **a.** bleu + rouge = …
- **b.** noir + blanc = …
- **c.** bleu + orange = …
- **d.** rouge + jaune = …
- **e.** rouge + blanc = …
- **f.** rouge + vert = …
- **g.** bleu + jaune = …
- **h.** bleu + noir = …

b. À deux. Pose la question à ton/ta camarade. Il/Elle répond.

Parcours 1
Moi

5 Regarde le dessin.

  a. Vrai ou faux ? Écoute. C'est vrai, reste assis. C'est faux, lève-toi.

  b. Écoute, répète et montre les formes.

  c. Regarde les filles. Elles ont quelles formes dans les mains ? Et les garçons ?

6 Les post-it des formes et des couleurs

À deux.

  a. Pioche un post-it préparé par ton/ta professeur(e) et colle le post-it sur ton front sans regarder.

  b. Pose des questions à ton/ta camarade pour deviner la forme et la couleur. Il/Elle répond.

7 Regarde la carte, lis les phrases et écris la bonne réponse sur une feuille.

  a. On appelle la France le triangle.

  b. On appelle la France l'Hexagone.

  c. On appelle la France le cube.

Souviens-toi !

▶ **Demander et dire la couleur**

– C'est de quelle couleur ?
– C'est rose.
– Quelle est ta couleur préférée ?
– Ma couleur préférée, c'est le bleu. Et toi ?
– Moi, ma couleur préférée, ce n'est pas le bleu, c'est le vert.

• **Les couleurs :** blanc – rose – rouge – orange – jaune – vert – marron – bleu clair – bleu foncé – noir – gris – violet

▶ **Demander et dire la forme**

– C'est quelle forme ?
– C'est un carré.

• **Les formes :** un carré – un rectangle – un triangle – un rond – un hexagone – un cube

Je découvre

L'alphabet

A a ananas 	B b bonbon 	C c cactus 	D d dinosaure 
E e étoile 	F f fraise 	G g gâteau 	H h hérisson 
I i igloo	J j jaguar 	K k kangourou 	L l livre 
M m moustache 	N n nuage 	O o orange 	P p poisson 
Q q quilles 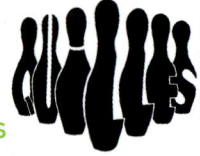	R r raisin 	S s sapin 	T t tortue 
U u usine 	V v voiture 	W w wapiti	X x xylophone 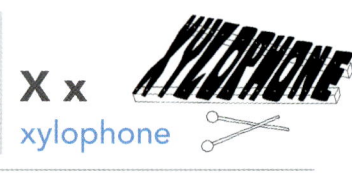
Y y yourte 	Z z zèbre 		

1 🎧 021 Écoute et compte les lettres de l'alphabet français.

2 🎧 022 Regarde les dessins, écoute et répète les lettres.

3 🎧 023 Écoute et chante la chanson de Philippe Katerine.

Vidéo Regarde le clip de Philippe Katerine. Les enfants sont tristes ? Ils sont contents ?

4 🎧 024 Écoute et réponds.

5 🎧 025 À deux. Qui est-ce ? Écoutez et écrivez chacun une lettre.

16 • seize

Mes projets

Ma boîte à outils

1 Choisis une boîte. Décore la boîte et écris ton prénom.

2 Remplis ta boîte après chaque leçon avec des dessins, des mots, des phrases. Dessine un rond de la couleur du parcours à côté du dessin, du mot, de la phrase.

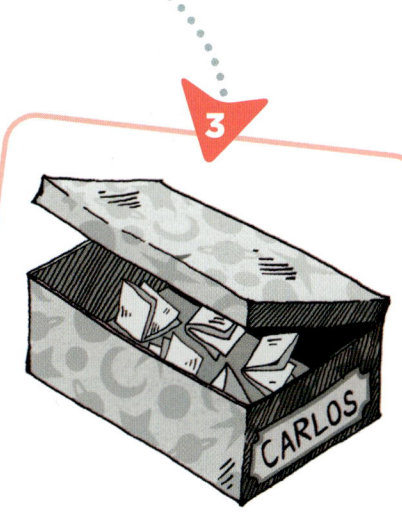

3 Complète ta boîte tout au long de l'année.

Ma carte mentale

Prénom Nam
Nom Duy Nguyen
Habite en France
Âge 10 ans
Couleur préférée marron

MOI

1 Observe la branche bleue de la carte mentale de Nam.

2 Réalise ta carte mentale. Complète la branche bleue.
➜ Carte mentale p. 72-73

3 Complète ta carte mentale tout au long de l'année.

Jeu d'évasion 1

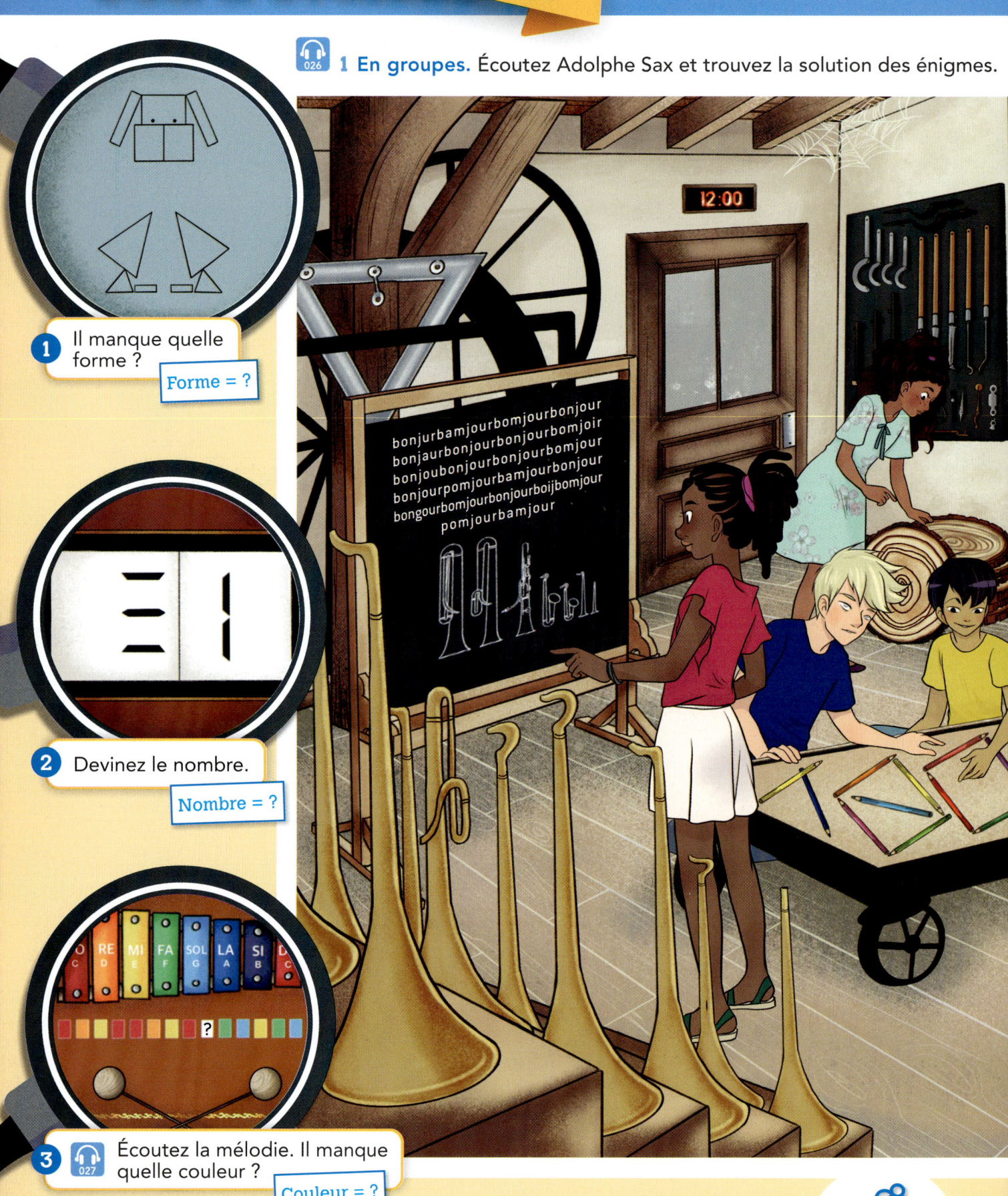

1 **En groupes.** Écoutez Adolphe Sax et trouvez la solution des énigmes.

1 Il manque quelle forme ?
Forme = ?

2 Devinez le nombre.
Nombre = ?

3 Écoutez la mélodie. Il manque quelle couleur ?
Couleur = ?

2 Mission réussie ? Écoutez.

18 • dix-huit

Salle Adolphe Sax

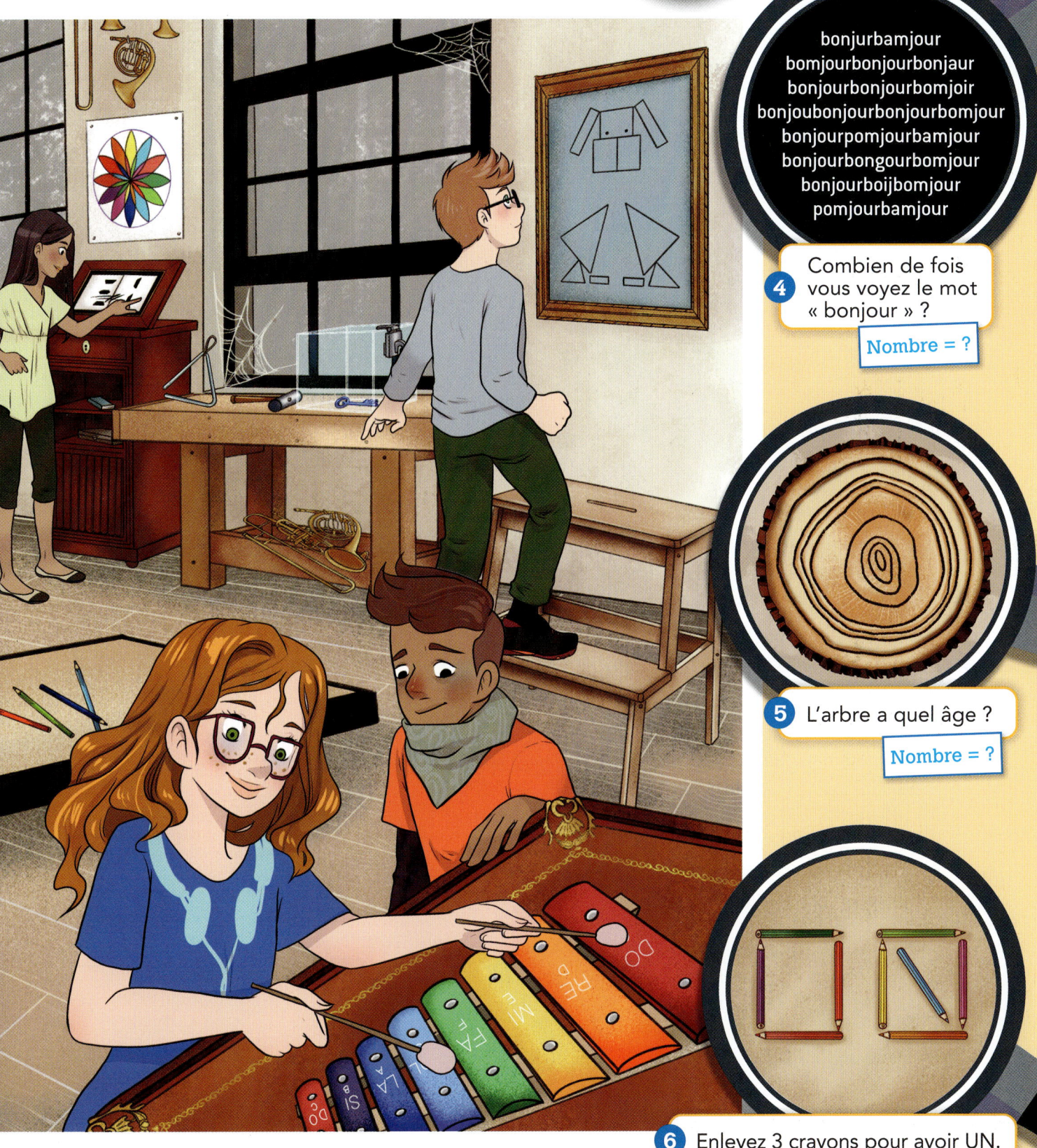

bonjurbamjour
bomjourbonjourbonjaur
bonjourbonjourbomjoir
bonjoubonjourbonjourbomjour
bonjourpomjourbamjour
bonjourbongourbomjour
bonjourboijbomjour
pomjourbamjour

4 Combien de fois vous voyez le mot « bonjour » ?

Nombre = ?

5 L'arbre a quel âge ?

Nombre = ?

6 Enlevez 3 crayons pour avoir UN.

Nombre = 1

dix-neuf • 19

Est-ce que tu as tes affaires ?

 1 Regarde les dessins et écoute Fatou.

 2 a. Écoute les phrases, montre et réponds.

 b. Écoute les phrases et réponds.

3 Qu'est-ce que c'est ? Regarde les affaires et devine.

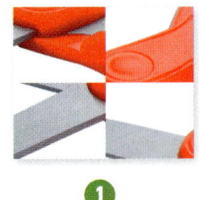     

4 Avec ta classe.

Vrai ou faux ? Posez sur le sol 6 affaires. Asseyez-vous autour. Écoutez. C'est vrai, restez assis. C'est faux, levez-vous.

Parcours 2
À l'école

 5 Écoute. C'est vrai ? Répète et pose tes affaires sur ta table.

6 À deux.
  a. Lis les phrases à ton/ta camarade. Il/Elle met ses affaires dans son sac ou sur la table.
  Élève A. Mets dans ton sac : un cahier, un livre, ta règle, ta colle et tes ciseaux, s'il te plaît !
  Élève B. S'il te plaît, mets sur ta table : tes ciseaux, un stylo, ta gomme, tes crayons et ta trousse. Dans ta trousse, il n'y a rien.

  b. Pose la question à ton/ta camarade. Il/Elle répond.
  Est-ce que tu as tes affaires ?
  Oui, j'ai mes affaires. J'ai… / Non, je n'ai pas mes affaires. Je n'ai pas…

 7 Écoute les phrases, montre les dessins et répète.

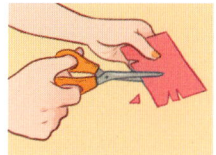    

 8 Écoute et réalise l'activité sur une feuille.

 Activité À la maison. Prends en photo ton matériel scolaire, imprime et légende la photo.

Souviens-toi !

▶ **Parler de son matériel scolaire**

– Est-ce que tu as tes affaires ? / Est-ce que tu as ton matériel scolaire ?
– Oui, j'ai mes affaires. J'ai tout. J'ai un sac. J'ai une trousse. J'ai des ciseaux.
– Non, je n'ai pas mon matériel scolaire. Je n'ai rien. Je n'ai pas mon sac. Je n'ai pas ma trousse. Je n'ai pas mes ciseaux.

• **Le matériel scolaire** : un sac – un livre – un cahier – un crayon – un stylo – une trousse – une gomme – une règle – une colle – des ciseaux

• J'écris, je prends, je trace, je gomme, je dessine, je découpe, je colorie, je colle, je range, je lis.

vingt et un • 21

On est quel jour aujourd'hui ?
Qu'est-ce que tu aimes à l'école ?

 1 Regarde le document, écoute les phrases et répète les jours de la semaine.

Le petit Journal des Sciences

Les planètes et les jours de la semaine

la **Lune**   **Mars**   **Mercure**   **Jupiter**   **Vénus**   **Saturne**

 2 Regarde le calendrier.

  a. Dis les nombres de 0 à 12.
  b. Écoute Nadia et répète les nombres.
  c. Écoute les questions et réponds.
  d. Écoute les nombres et dis l'intrus.

 3 Le loto des nombres de 1 à 31
À deux.

  a. Réalisez une grille avec 10 nombres. Écoutez Nadia et entourez vos nombres. Tous vos nombres sont entourés ? C'est gagné !

  b. Réalisez une grille avec 10 autres nombres. Lisez les nombres écrits en lettres au tableau et entourez vos nombres. Tous vos nombres sont entourés ? C'est gagné !

4 a. Lis les questions et réponds. Écris les questions et les réponses sur une feuille.

On est quel jour aujourd'hui ? Aujourd'hui, on est …

C'est quoi ton jour préféré ? C'est …

C'est quoi ton nombre porte-bonheur ? C'est …

b. À deux. Pose les questions à ton/ta camarade. Il/Elle répond.

22 • vingt-deux

Parcours 2
À l'école

 5 Regarde l'emploi du temps, écoute les enfants et réponds.

 6 Vrai ou faux ? Écoute les phrases et réponds.

EMPLOI DU TEMPS

	lundi	mardi	mercredi	jeudi	vendredi
	maths ♥	sport ♥♥	art plastique ♥	maths ⌀	maths ⌀
	récréation	récréation	récréation	récréation	récréation
	français ♥	maths	anglais ⌀	français ♥	musique ♥
	déjeuner	déjeuner		déjeuner	déjeuner
	espagnol ♥	histoire		géographie ♥	espagnol ♥
	récréation	récréation		récréation	récréation
	français ⌀	sciences ♥♥		sport ♥	anglais ♥

7 À deux. Regardez votre emploi du temps. Posez des questions à tour de rôle et répondez.

> Tu as français quel jour ?
>
> J'ai français le lundi.

8 Lis, complète et écris les phrases sur une feuille.

a. ♥ À l'école, j'aime … . C'est bien.
b. ♥♥ À l'école, j'adore … . C'est génial !
c. ⌀ À l'école, je n'aime pas … . Ce n'est pas top.
d. ⌀⌀ À l'école, je déteste … . C'est nul !

Souviens-toi !

▶ **Demander et dire le jour de la semaine**

– On est quel jour aujourd'hui ?
– Aujourd'hui, on est lundi.
– On est lundi 13.

- **Les jours** : lundi – mardi – mercredi – jeudi – vendredi – samedi – dimanche
- **Les nombres de 13 à 31** : 13 (treize) – 14 (quatorze) – 15 (quinze) – 16 (seize) – 17 (dix-sept) – 18 (dix-huit) – 19 (dix-neuf) – 20 (vingt) – 21 (vingt et un) – 22 (vingt-deux)… – 30 (trente) – 31 (trente et un)

▶ **Exprimer ses goûts**

– Qu'est-ce que tu aimes à l'école ?
– J'adore le français. J'aime la musique. Je n'aime pas les maths. Je déteste le sport.

- **aimer / adorer / détester** : j'aim**e** – tu aim**es** – il ador**e** – elle ador**e** – on ador**e** – ils détest**ent** – elles détest**ent**
- **Les matières scolaires** : le français – le sport – l'art plastique – l'histoire – l'anglais – l'espagnol – la géographie – la musique – les sciences – les mathématiques

Qu'est-ce que tu aimes à la cantine ?

1 Regarde la bande dessinée et écoute les dialogues.

2 Regarde la bande dessinée, écoute les phrases et montre les aliments.

À la cantine.

3 Écoute, regarde les plateaux des enfants et réponds.

Nadia — Nam — Jules

Parcours 2
À l'école

 4 **Prononciation**

Écoute et répète.

Marin et Léon mangent des croissants, du pain et de la confiture.

5 **À deux.** Qui est-ce ? Regardez la bande dessinée et lisez les phrases.

a. Il ne mange pas d'œufs. – b. Il est allergique. – c. Elle mange du poisson.
d. Ils mangent un fruit. – e. Elles ne mangent pas de pain. – f. Ils boivent de l'eau.

 6 a. Regarde les photos. À ton avis, comment on nomme ces plats en français ?

❶ ❷ ❸ ❹ ❺

b. Écoute et réponds.

c. Lis, complète et écris les phrases sur une feuille.

Mon plat préféré, c'est … .
Mon dessert préféré, c'est … .

 7 **Sur mon plateau**

Avec ta classe.

a. Un/Une camarade dit un aliment.

b. Répète l'aliment de ton/ta camarade et dis ton aliment. Un aliment oublié ? C'est perdu.

> Je mange à la cantine et je mets du poulet sur mon plateau.

> Je mange à la cantine et je mets du poulet et des frites sur mon plateau.

 8 a. Écoute la bande dessinée et lis les dialogues.

b. Apprends un rôle et joue la scène avec tes camarades.

 Vidéo Regarde l'interview d'Ilyana *Et si tu étais ?* Ilyana répond. Qu'est-ce qu'elle aime ?

Souviens-toi !

▶ **Exprimer ses goûts**

– Qu'est-ce que tu aimes à la cantine ?
– J'aime la salade de tomates. Je n'aime pas le riz, je préfère les frites. Mon plat préféré, c'est le poulet-frites.
– Je mange de la salade de tomates, du poulet et des frites. Je bois de l'eau. Je suis allergique aux œufs.

- **préférer** : je préfère – tu préfères – il préfère – elle préfère – on préfère – ils préfèrent – elles préfèrent
- **manger** : je mange – tu manges – elle mange – il mange – on mange – ils mangent – elles mangent
- **boire** : je bois – tu bois – il boit – elle boit – on boit – ils boivent – elles boivent
- **Les aliments** : le poisson – le poulet – le riz – le yaourt – le fruit – le pain – la salade de tomates – l'orange – l'eau – les œufs – les frites

vingt-cinq • 25

Je découvre

La Francophonie

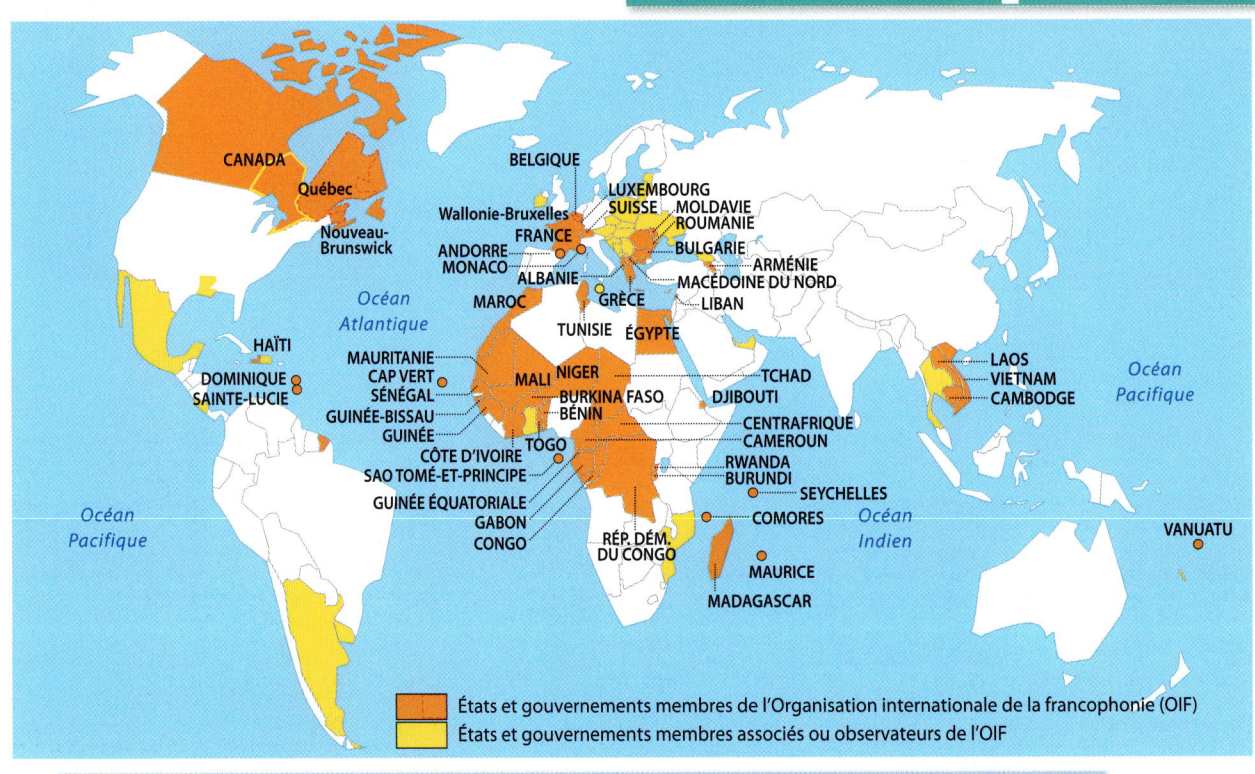

1. Regarde les pays en orange et en jaune sur la carte de la Francophonie. À ton avis, quelle langue ces pays ont en commun ?

1. L'Espagne

2. La France

3. Le Canada

4. Le Brésil

5. Le Vietnam

6. Le Sénégal

7. Les États-Unis

8. Le Vanuatu

2. 🎧 049 Regarde les drapeaux et écoute. Dans quels pays on parle français ?

3. Vrai ou faux ? Lis et choisis la bonne réponse.
   a. On parle français sur les 5 continents.
   b. On ne parle pas français sur les 5 continents.

4. 🎧 050 Écoute et répète. Tu comprends les mots ? Tu connais d'autres mots en français ?

| un saxophone | les mathématiques | une famille | un garage | le tennis | des souvenirs |

 **Activité** En groupes. Réalisez un poster des mots que vous connaissez en français.

26 • vingt-six

Mes projets

Mon mobile des goûts

1. Prends 5 feuilles en carton. Dessine un ♥ (j'aime), un 🚫 (je n'aime pas), deux ♥♥ (j'adore), deux 🚫🚫 (je déteste) et une ✖ (je suis allergique).

2. Découpe des photos d'aliments et de boissons.

3. Colle les photos sur les feuilles en carton.

4. Écris les noms des aliments et des boissons.

5. Complétez la branche rose « À l'école » de votre carte mentale !
→ Carte mentale p. 72-73

6. Attache les 2 baguettes ensemble.

7. Attache la feuille en carton « allergie » avec le fil rouge.

8. Attache les autres feuilles en carton avec les fils de laine. Présente ton mobile à tes camarades.

Matériel
- 5 feuilles en carton
- des magazines d'aliments et de boissons
- des ciseaux
- de la colle
- 2 baguettes et de la ficelle
- 4 fils de laine
- 1 fil rouge plus court que les autres

Activité Envie d'un autre projet ? Réalise le mobile de l'emploi du temps idéal.

Jeu d'évasion 2

1 **En groupes.** Écoutez Mary Jackson et trouvez la solution des énigmes.

1 Comptez. Vous trouvez combien ?
Nombre = ?

2 Chantez le nom des 3 matières. Vous entendez le son A, O ou I ?
Son = ?

3 C'est quelle planète ? Comptez le nombre de lettres.
Nombre = ?

2 Mission réussie ? Écoutez.

Salle Mary Jackson

4. Trouvez un jour de la semaine. Comptez le nombre de lettres.
Nombre = ?

5. Écrivez le nombre manquant.
Nombre = ?

6. Quel est le jour préféré de Mary Jackson ?
...'1 10 (X). Écrivez la lettre manquante.
Lettre = ?

Tu es comment ?

🎧 053 **1** Regarde les dessins, écoute les phrases et dis le numéro.

🎧 054 **2** Écoute les phrases et montre sur toi.

 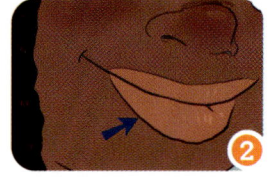 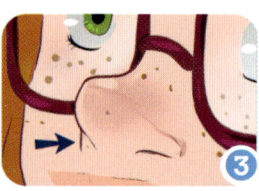 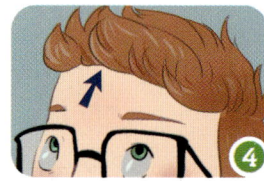
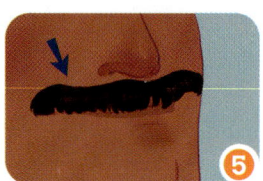 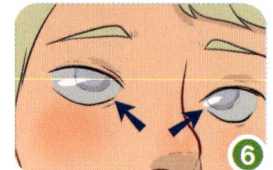 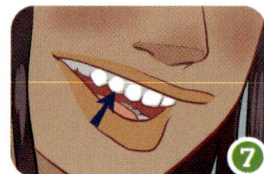 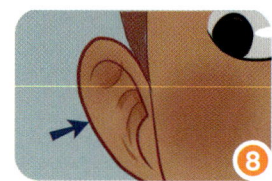

🎧 055 **3** Regarde les photos, écoute les phrases et dis le titre du livre.

➕ **Activité** En groupes. À la médiathèque. Prenez des photos comme dans l'activité 3 et exposez les photos.

4 À deux.

  a. Lancez le dé chacun votre tour.

Exemples : Tour 1 :
4 ▶ Dessine un visage en forme de triangle.
6 ▶ Rejoue !

  b. Dites ce que vous dessinez.

> Je dessine les yeux. À ton tour.

  c. Ajoutez des lunettes, des boucles d'oreilles, un chapeau, une moustache ou une barbe.

  d. Décrivez votre personnage.

30 • trente

Parcours 3
Ma famille

 **5 a.** Ses cheveux et ses yeux sont de quelle couleur ? Regarde les dessins, écoute les phrases et répète.

b. Écoute et réponds aux questions.

6 À deux. Lisez la devinette, regardez les dessins et trouvez le personnage. Inventez d'autres devinettes.

Ce n'est pas une femme. Il n'a pas de chapeau. Il n'a pas les cheveux noirs. Il n'a pas les cheveux roux. Il est chauve. Qui est-ce ?

 ①  ②  ③  ④

 ⑤  ⑥  ⑦  ⑧

 Activité Colle une photo de ton visage sur une feuille et légende ta photo.

 7 Qui est-ce ?

Avec ta classe.

a. Mets-toi dos à la classe. Tes camarades choisissent un élève en secret.

b. Pose des questions. Tes camarades répondent.

c. Qui est-ce ? Tu as trouvé ? C'est gagné !

Souviens-toi !

▶ **Demander et donner des caractéristiques physiques**

– Tu es comment ?
– J'ai les cheveux noirs et longs. J'ai les yeux bleus. J'ai des boucles d'oreilles. J'ai des lunettes.

- **Les parties du visage** : le visage – le nez – la bouche – la moustache – la barbe – les cheveux – les dents – les yeux – les oreilles
- **Les cheveux** : courts – longs – blonds – châtains – roux – noirs – chauve
- **Les yeux** : bleus – verts – noirs – marron
- **Les accessoires** : un chapeau – des lunettes – des boucles d'oreilles

trente et un • 31

Tu habites avec qui ?

🎧 058 **1** Regarde le dessin, écoute Fleur et montre les membres de sa famille.

🎧 059 **2** Vrai ou faux ? Écoute Fleur. C'est vrai, reste assis. C'est faux, lève-toi.

🎧 060 **3** Écoute et réponds aux questions.

Vidéo Regarde le court-métrage *Rhapsodie pour un pot-au-feu* et dis les membres de la famille.

4 À deux. Regardez les personnages. À votre avis, qui est-ce ? Comparez avec vos camarades.

Parcours 3
Ma famille

5 **La pêche à la ligne des familles**

À deux.

a. Choisissez une ligne.

b. Ton/Ta camarade pose des questions pour trouver ta ligne. Il/Elle a trouvé ? C'est gagné ! À ton tour de deviner.

> Dans ta ligne, tu as un petit frère ?
>
> Oui, j'ai un petit frère.

6 À deux. Lisez et complétez les phrases. Écrivez les phrases sur une feuille.

a. Les cheveux du père de Fleur sont …

b. Les cheveux du grand frère de Fleur sont …

c. Les cheveux de la mère de Fleur sont …

d. Les cheveux de la petite sœur de Fleur sont …

7 **Prononciation**

Écoute et répète de plus en plus vite.

Papa a une **b**arbe, une **b**arbe à **p**apa.

8 a. Lis la question et réponds.

Tu habites avec qui ?

b. À deux. Pose la question à ton/ta camarade. Il/Elle répond.

Souviens-toi !

▶ **Parler de sa famille**

– Tu habites avec qui ?
– J'habite avec ma mère, mon père, mon grand frère et ma petite sœur.

- **habiter** : j'habite – tu habites – il habite – elle habite – on habite – ils habitent – elles habitent

- **La famille** : le père / la mère (les parents) – le frère / la sœur (les enfants) – le grand-père / la grand-mère (les grands-parents)

- **Les caractéristiques physiques** : Il est grand / petit – beau – laid – jeune / vieux.
Elle est grande / petite – belle / laide – jeune / vieille.

Tu as des animaux ?

🎧 062 **1** Regarde les dessins, écoute Nam et montre l'animal.

🎧 063 **2** Regarde les dessins et écoute Nam. Il parle à qui ?

🎧 064 **3** Écoute les phrases et réponds.

🎧 065 **4** Qu'est-ce qu'ils font sur les photos ? Regarde, écoute les phrases et répète.

①

②

③

④

⑤

⑥

Parcours 3
Ma famille

5 Lis et associe. (Plusieurs réponses possibles.)

a. Le serpent
b. Le lapin
c. La souris
d. Le poisson
e. L'oiseau
f. Le chat
g. La grenouille
h. Le chien
i. La tortue

1. Il saute.
2. Il court.
3. Il marche.
4. Il vole.
5. Il rampe.
6. Elle court.
7. Elle saute.
8. Il nage.
9. Elle marche.

6 À deux. Regardez les dessins et trouvez l'intrus. Justifiez.

7 Choisis une devinette. Recopie la devinette sur une feuille et réponds.

a. Je ne marche pas. Je ne saute pas. Je ne vole pas. Je ne cours pas. Je ne rampe pas. Je suis le …

b. Je ne vole pas. Je ne saute pas. Je ne nage pas. Je ne cours pas. Je ne rampe pas. Je suis un animal de Fleur. Je suis la …

8 Les post-it des animaux

À deux.

a. Pioche un post-it préparé par ton/ta professeur(e) et colle le post-it sur ton front sans regarder.

b. Pose des questions à ton/ta camarade pour deviner l'animal. Il/Elle répond.

9 a. Lis la question et réponds.

Tu as des animaux ?

b. À deux. Pose la question à ton/ta camarade. Il/Elle répond.

Oui, j'ai un animal, c'est un oiseau, il vole. Et toi, tu as des animaux ?

Activité En groupes. Réalisez un panneau des animaux de la classe.

Souviens-toi !

▶ **Parler de ses animaux**

– Tu as des animaux ?
– Oui, j'ai un chien, un chat, un poisson.
– Non, je n'ai pas d'animaux parce que je suis allergique aux poils et aux plumes. Ma mère a peur des animaux.

- **Les animaux** : un chien – un chat – un lapin – un poisson – un serpent – un oiseau – une grenouille – une tortue – une souris
- Mon animal marche, court, saute, vole, rampe, nage.

Je découvre

Les cinq sens

Le magazine des cinq sens, NUMÉRO 10 | 23

1. 🎧 066 Regarde le document. Écoute, montre et répète les sens.

2. 🎧 067 Regarde le document et écoute. C'est positif, reste assis. C'est négatif, lève-toi.

3. Lis les phrases et dis la bonne réponse avec le ton.
   a. Tu caresses le chat. Il est doux ou il pique ?
   b. Tu sens la poubelle. Ça sent bon ou ça sent mauvais ?
   c. Tu écoutes la musique de ton grand frère. C'est joli ou c'est nul ?
   d. Tu vois un monstre. Il est beau ou il est laid ?
   e. Tu goûtes une glace. C'est bon ou c'est mauvais ?

4. À deux. Lisez et répondez.
   a. Jules ne voit pas bien. À votre avis, il est malentendant ou malvoyant ?
   b. Le père de Fleur n'entend pas bien. À votre avis, il est malentendant ou malvoyant ?

Activité Réalise ton dessin des 5 sens et présente ton dessin à la classe.

Mes projets

Ma famille imaginaire

1 **En groupes.** Imaginez une famille. Vous êtes quel membre de la famille ?

2 Dessinez et découpez des accessoires (des lunettes, une moustache, une barbe, un chapeau…).

3 Collez les accessoires sur les bâtons.

Matériel
- des bâtons
- des feuilles en carton
- des feutres
- des ciseaux
- de la colle

4 Utilisez les accessoires pour changer votre visage.

5 Prenez une photo de votre famille et choisissez un nom.

6 Exposez les photos dans la classe et présentez votre famille.

> Complète la branche verte « Ma famille » de ta carte mentale !
> → Carte mentale p. 72-73

Activité Envie d'un autre projet ? Réalise le jeu *À qui est-ce ?*.

Jeu d'évasion 3

1 **En groupes.** Écoutez Reha Hutin et trouvez la solution des énigmes.

_a grand-_ère est la _ère de _a _ère.

1 Lisez le texte. Il manque quelle lettre ?
Lettre = ?

2 Dessinez la moustache de l'oiseau. Vous voyez quelle lettre ?
Lettre = ?

Mon frère a une sœur. Ma sœur a deux frères.

3 Nous sommes combien d'enfants ?
Nombre = ?

2 Mission réussie ? Écoutez.

Salle Reha Hutin

④ Dites 4 fois la phrase très vite. Vous pouvez ?
Nombre = 4

⑤ Vous voyez quel animal ? Écrivez la première lettre.
Lettre = ?

⑥ Vous voyez combien d'animaux ?
Nombre = ?

LEÇON 1 — Tu habites où ?

🎧 070 **1** Regarde le jeu de fléchettes de Tibor.
🎧 071   **a.** Écoute et montre les nombres.
   b. Écoute, montre et répète le nombre.

🎧 072 **2** Écoute les questions et réponds.

3 Regarde à nouveau le jeu de fléchettes de Tibor. Trouve les nombres et lis les phrases.
   a. Je vois une ➤ dans … et deux ➤ dans … .
   b. Je vois une ➤ dans … , une ➤ dans … et une ➤ dans … .
   c. Je vois une ➤ dans … et deux ➤ dans … .
   d. Je vois zéro ➤ dans … , dans … et dans … .

🎧 073 **4** 🎲 **Le loto des nombres de 21 à 100**
   a. Écris 6 nombres de la grille sur une feuille. Écoute et entoure tes nombres. Tous tes nombres sont entourés ? C'est gagné !
   b. Écris 6 autres nombres de la grille sur une feuille. Lis les nombres écrits au tableau par ton/ta professeur(e) et entoure tes nombres. Tous tes nombres sont entourés ? C'est gagné !
   c. À trois. Choisissez une ligne chacun et dites les nombres.

21	31	41	51	61	71	81	91
27	35	43	56	62	78	89	94
44	65	99	54	82	37	100	68

Parcours 4
Chez moi

5 À deux. Choisis un nombre entre 20 et 100. Ton/Ta camarade devine le nombre.

40 — Plus (+)   45 — Moins (–)   42 — Oui, c'est 42 ! Bravo ! À mon tour !

6 Écoute Tibor et Carlos et choisis les bonnes adresses.

① 62 rue de la Liberté, 75019 Paris
② 45 rue de la Liberté, 75019 Paris
④ 72 rue Lepic, 75018 Paris
③ 92 rue Lepic, 75018 Paris

7 Ils habitent où ? Lis et complète.

| 75019 | 75018 | Paris | 92 | 62 | un appartement | une maison |

a. Tibor et Carlos habitent à …
b. Tibor habite dans …
c. Carlos habite dans …
d. Le code postal de Tibor est …
e. Le code postal de Carlos est …
f. Tibor habite au numéro …
g. Carlos habite au numéro …

8 a. Lis la question et réponds. Écris la question et la réponse sur une feuille.

Tu habites où ?
J'habite…

b. À deux. Pose la question à ton/ta camarade. Il/Elle répond.

Souviens-toi !

▶ **Dire où on habite**

– Tu habites où ?
– J'habite 62 rue de la Liberté à Paris.
La ville, c'est Paris.
Le code postal, c'est 75019.
Le numéro de la maison, c'est le 62.
Je n'habite pas dans un appartement, j'habite dans une maison.

• **Le logement** : un appartement – une maison
• **Les nombres de 30 à 100 :** 30 (trente) – 40 (quarante) – 50 (cinquante) – 60 (soixante) – 70 (soixante-dix) – 80 (quatre-vingt) – 90 (quatre-vingt-dix) – 100 (cent)

LEÇON 2 — C'est comment chez toi ?

1 C'est comment chez Tibor ? Écoute et suis son parcours sur le dessin.

2 Écoute Iza, la petite sœur de Tibor.

a. Suis son parcours sur le dessin. Mets des papiers numérotés de 1 à 10 sur les pièces de la maison.

b. Iza dit « Je donne ma langue au chat ». À ton avis, qu'est-ce que ça veut dire ? Choisis le bon dessin.

3 Écoute les questions et réponds.

42 • quarante-deux

Parcours 4
Chez moi

4 Regarde les photos, lis et complète les phrases.

  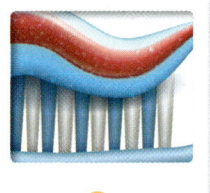   

❶   ❷   ❸   ❹   ❺   ❻

1. Je suis dans …   3. Elle est dans …   5. Ils sont dans …
2. Tu es dans …   4. On est dans …   6. Elles sont dans …

5 **Le jeu du Rubik's cube**

À deux. Dos à dos.

a. Dessine un Rubik's cube sur un petit papier.
Mets le Rubik's cube sur une pièce de la maison page 42.

b. Ton/Ta camarade pose des questions. Tu réponds.

> Le Rubik's cube est dans le salon ?

> Non, il n'est pas dans le salon.

6 Qu'est-ce qu'ils font ? Observe la famille de Tibor page 42, écoute et réponds.

7 Lis les mots et écris 3 phrases sur une feuille.

Papa	regarde	la table		la cuisine
Grand-mère	met	le dîner	dans	la salle à manger
Tibor	prépare	à cache-cache		le salon
Erika	joue	la télévision		la chambre

8 a. Lis les questions et réponds. Écris les questions et les réponses sur une feuille.

C'est comment chez toi ?
C'est petit ? C'est grand ?

Chez moi, c'est petit / c'est grand. Il y a…

b. À deux. Pose les questions à ton/ta camarade. Il/Elle répond.

Souviens-toi !

▶ **Décrire sa maison**

– C'est comment chez toi ?
– Chez moi, c'est petit / c'est grand.
  Il y a un salon, une cuisine, une salle à manger.

• **Les pièces de la maison** : un salon – un jardin – un garage – une entrée – une cuisine – une salle à manger – une salle de bain – une chambre – des toilettes

• **Les actions du quotidien** : préparer le dîner – mettre la table – regarder la télévision

Qu'est-ce qu'il y a dans ta chambre ?

LEÇON 3

 1 Regarde le site du magasin de meubles *Tout pour la maison*.
  a. Écoute et montre les objets.
  b. Écoute la chanson *Dans ma chambre*.
  c. Écoute à nouveau la chanson et répète les objets entourés en rouge.
  d. Chante la chanson.

✚ **Vidéo** Regarde le clip de la chanson *Dans ma chambre* d'Alain Le Lait et chante la chanson.

 2 a. Regarde le dessin, écoute la poésie *Au lit !* et montre les objets.
  b. Écoute à nouveau la poésie et répète les phrases.
  c. Récite la poésie. Aide-toi du dessin.

 3 Écoute et suis les consignes de l'hypnotiseur.

Parcours 4
Chez moi

 4 Prononciation

Écoute et répète.

Jean a une **ch**aise de **j**ardin **j**aune dans sa **ch**ambre.

 5 Les 5 différences

À deux. Regardez les dessins et trouvez les 5 différences.

①

②

6 a. Regarde le dessin 1 de l'activité 5. Lis les questions et réponds.

1. La chaise est entre le bureau et le lit ou entre le lit et la table de nuit ?
2. La table de nuit est à droite du fauteuil ou à droite du lit ?
3. La lampe est sur la table de nuit ou sur le tapis ?
4. L'ordinateur est sous le bureau ou sur le bureau ?

b. Écris 2 questions et pose les questions à ton/ta camarade. Il/Elle répond.

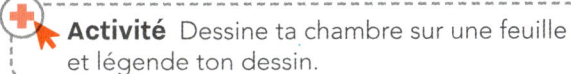 **Activité** Dessine ta chambre sur une feuille et légende ton dessin.

Souviens-toi !

▶ **Situer dans l'espace et décrire sa chambre**

– Qu'est-ce qu'il y a dans ta chambre ?
– Dans ma chambre, il y a un lit à côté du bureau, une lampe sur la table de nuit et un tapis devant le lit.

• dans – sur – sous – devant – derrière – entre – à côté de – à droite de – à gauche de

• **Les objets de la chambre :** un bureau – un lit – un tapis – un placard – un ordinateur – un fauteuil – un réveil – une chaise – une lampe – une table de nuit – une fenêtre – des rideaux

Je découvre

La capitale de la France

 1 Regarde le plan de Paris.
 a. Écoute, montre l'arrondissement et répète.
 b. Écoute et montre le monument ou le lieu.
 c. Ferme ton livre, écoute et réponds. Ouvre ton livre et vérifie.
d. Dis les arrondissements traversés par la Seine.

2 Lis les codes postaux des adresses de Tibor et Carlos page 41. Dans quel arrondissement ils habitent ?

3 Lis les mots et regarde les photos. Associe les photos aux mots.

a. Un stade   b. Un monument   c. Un parc   d. Un musée

 ❶  ❷  ❸  ❹

4 À deux. Lis et complète les phrases avec les mots.

| musée | parc | stade |
| monument | opéra |

a. Fleur va à la Villette. Elle va au …
b. Carlos va au Louvre. Il va au …
c. Tibor visite la tour Eiffel. Il visite un …
d. Jules regarde un match de foot. Il est au …
e. Mélodie aime écouter de la musique. Elle va à l'…

Activité Tu es à Paris pour la journée. Qu'est-ce que tu visites ? Tes camarades devinent le lieu.

46 • quarante-six

Mes projets

Nos objets dans tous les sens

1

À deux. Piochez 3 petites étiquettes (sur, sous, devant, derrière, à droite, à gauche, dans, entre, à côté) et une pièce de la maison.

2

Rapportez un objet de la pièce piochée.

3

Choisissez une position amusante. Votre professeur(e) prend une photo.

Matériel
→ des étiquettes avec :
- sur, sous, devant, derrière, à droite, à gauche, dans, entre, à côté
- la cuisine, la salle à manger, le salon, la chambre, la salle de bain, les toilettes, le jardin, le garage

→ un objet d'une pièce de la maison

4

Le réveil est sur ma tête.

Collez et légendez vos photos sur une feuille.

5 Complétez la branche rouge « Chez moi » de votre carte mentale !
→ Carte mentale p. 72-73

6

Présentez vos photos à la classe.

La classe vote pour la photo la plus drôle.

 Envie d'un autre projet ? Construis la maison de tes rêves.

Jeu d'évasion 4

1 **En groupes.** Écoutez Antoni Gaudí et trouvez la solution des énigmes.

1 Décodez le message et trouvez le monument. Écrivez la dernière lettre.
Lettre = ?

2 Dessinez 2 carrés pour séparer les nombres. Il y a combien de triangles ?
Nombre = ?

3 Écoutez les 3 sons. C'est quelle pièce ? Comptez le nombre de lettres.
Nombre = ?

2 Mission réussie ? Écoutez.

Salle Antoni Gaudi

4. Placez le deuxième tableau sur le premier. C'est qui ? Écrivez la deuxième lettre du prénom.
Lettre = ?

5. Le parc s'appelle comment ?
- Le parc Monceau
- Le parc des Buttes Chaumont
- Le parc de la Villette

Couleur = ?

C'est petit. C'est derrière le tapis. Tibor en a un sur sa table de nuit. C'est un...

6. Lisez la devinette. C'est quoi ? Comptez le nombre de lettres.
Nombre = ?

LEÇON 1 — Ils sont comment ?

🎧 092 **1** Regarde la photo, écoute et répète.

🎧 093 **2** C'est quelle partie du corps ? Écoute et montre sur toi.

3 **À deux.** Lisez les mots et regardez la photo.
  a. Choisis un mot. Ton/Ta camarade donne le numéro correspondant.
  b. Ton/Ta camarade choisit un numéro. Tu dis le mot correspondant.

| le ventre | le cou | le doigt | le bras | le genou | le dos |
| le coude | le pied | la tête | la jambe | l'épaule | la main |

4 🎲 **L'objet entre nous**
À deux.
  a. Recopiez les mots de l'activité 3 sur des petits papiers.
  b. Mélangez les mots, piochez chacun un mot et lisez les parties du corps.
  c. Choisissez un objet. Placez l'objet entre vos 2 parties du corps. L'objet tombe, c'est perdu !

➕ **Activité** En groupes. Prenez des photos et légendez les photos avec une phrase.

Parcours 5
Le corps

🎧 094 **5** Tu connais *Astérix* et *Obélix* ? Regarde les personnages, écoute et réponds.

Obélix et Astérix   Bonemine   Falbala   Agecanonix   Madame Agecanonix   Panoramix

6 a. Vrai ou faux ? Lis les descriptions et corrige les phrases fausses.
  1. Astérix est grand. Il est mince. Il est vieux.
  2. Falbala est petite. Elle est ronde. Elle est jeune.
  3. Madame Agecanonix est de taille moyenne. Elle est grosse. Elle est vieille.

b. Décris le visage des personnages : les cheveux (courts, longs), la barbe, la moustache.

7 Lis les mots et écris les descriptions de Bonemine, Panoramix et Obélix.

| Obélix | Panoramix | Bonemine | petite | grand |
| de taille moyenne | vieux | vieille | jeune | maigre | gros |

 Activité Dessine-toi et légende les parties de ton corps.

Souviens-toi !

▶ **Demander et donner des caractéristiques physiques**

– C'est quelle partie du corps ?
– C'est le cou. C'est la tête. Ce sont les doigts.

• **Les parties du corps** : le dos – le ventre – le coude / les coudes – le doigt / les doigts – le genou / les genoux – le pied / les pieds – le bras / les bras – la tête – l'épaule / les épaules – la main / les mains – la jambe / les jambes

▶ **Décrire des personnes**

– Ils sont comment ?
– Ils sont petits et jeunes.

• **Les caractéristiques physiques** : Ils sont petits – de taille moyenne – grands – maigres – minces – ronds – gros – jeunes – vieux
Elles sont petites – de taille moyenne – grandes – maigres – minces – rondes – grosses – jeunes – vieilles

Tu as mal où ?

1 a. Regarde la bande dessinée et écoute les dialogues.
   b. Écoute et réponds aux questions.

2 a. Écoute la bande dessinée et lis les dialogues dans ta tête.
   b. Apprends un rôle et joue la scène avec un/une camarade.

L'échauffement, c'est important !

3 Écoute. Qui est-ce ?

AU   À L'   À L'   À LA   AUX

Parcours 5
Le corps

 4 Écoute les questions. Que répondent les personnages ?

AU   À LA   AUX

5 Ils ont mal où ? Associe la photo et les tableaux aux phrases. (Plusieurs réponses possibles.)

a   b   c   d

1. J'ai mal à l'oreille.
2. J'ai mal à l'œil.
3. J'ai mal aux oreilles !
4. J'ai mal au nez.
5. J'ai mal à la tête.

6 Les post-it des parties du corps

À deux.

a. Pioche un post-it préparé par ton/ta professeur(e) et colle le post-it sur ton front sans regarder.

b. Pose des questions à ton/ta camarade pour deviner où tu as mal. Il/Elle répond.

— J'ai mal à la tête ? — Non, tu n'as pas mal à la tête.
— J'ai mal au nez ? — Oui, tu as mal au nez.

au pied / au …   à l'œil / à l' …
à la tête / à la …   aux yeux / aux …

Souviens-toi !

▶ **Dire où on a mal**

— Tu as mal où ?
— J'ai mal au dos, à l'œil, à la main et aux oreilles. Je n'ai pas mal à la gorge.

• **Les parties du corps** : l'oreille / les oreilles – la gorge

Qu'est-ce que tu fais comme sport ?

1 Regarde les dessins, écoute les enfants et montre les sports.

2 Écoute et réponds.

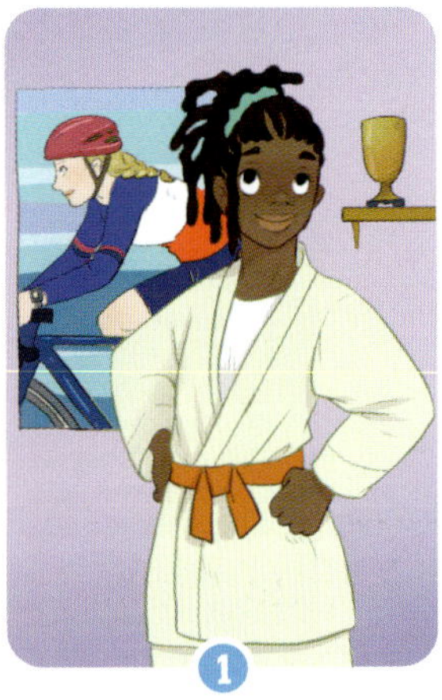

① DU ② DU ③ DU ④ DE L'

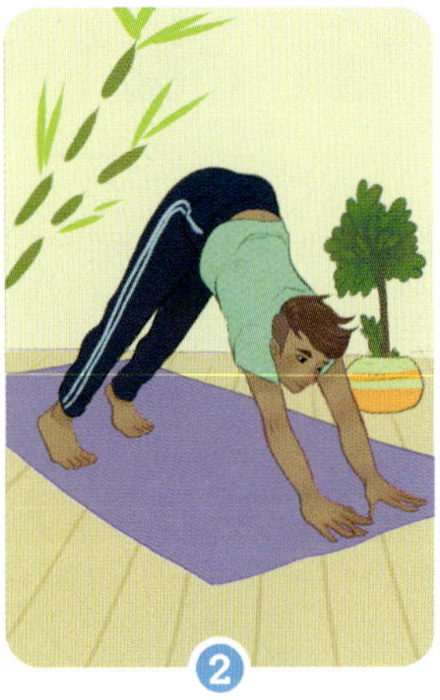

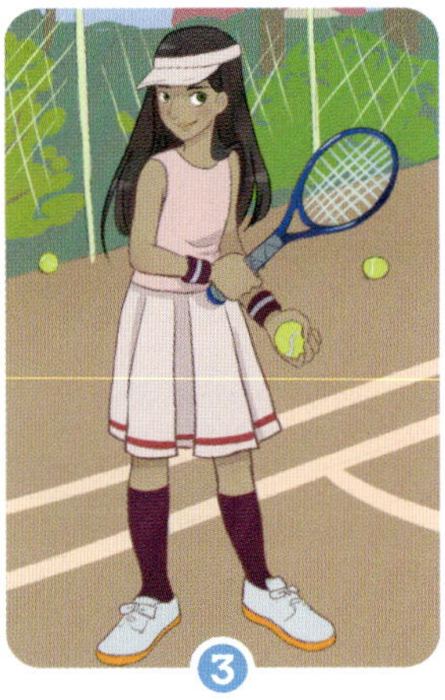

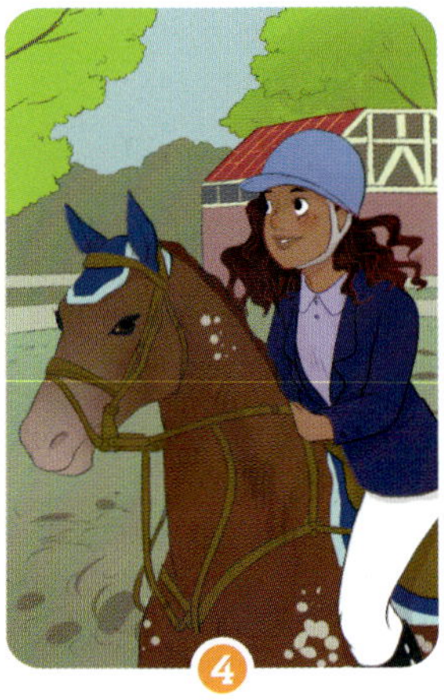

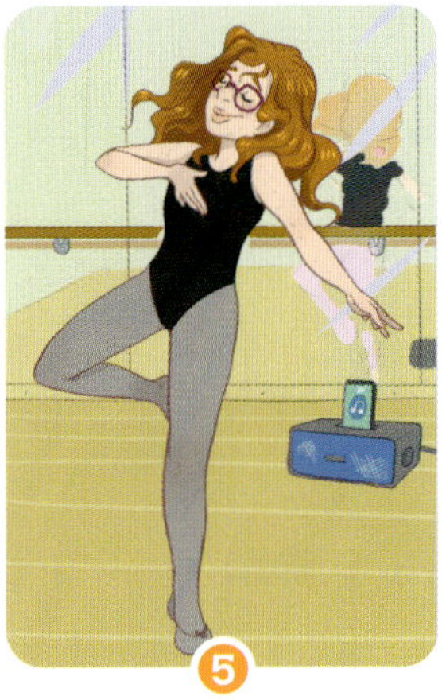

⑤ DE LA ⑥ DE LA ⑦ DE LA ⑧ PAS DE

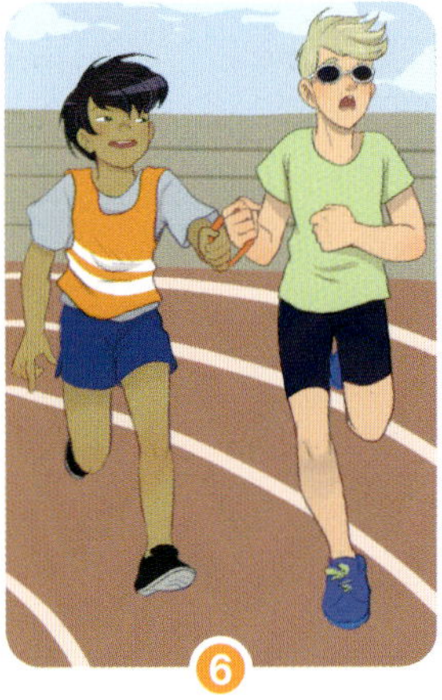

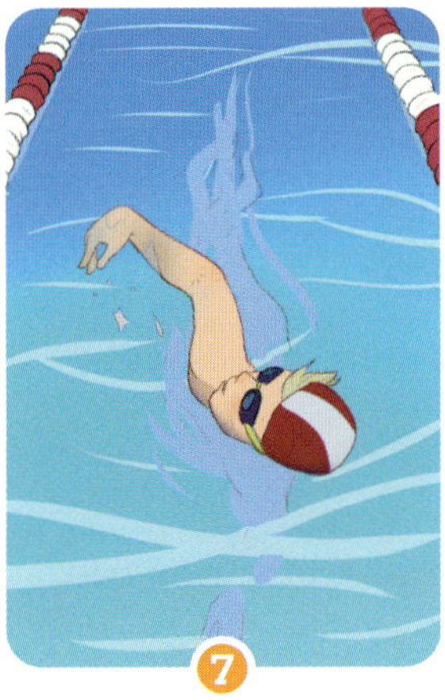

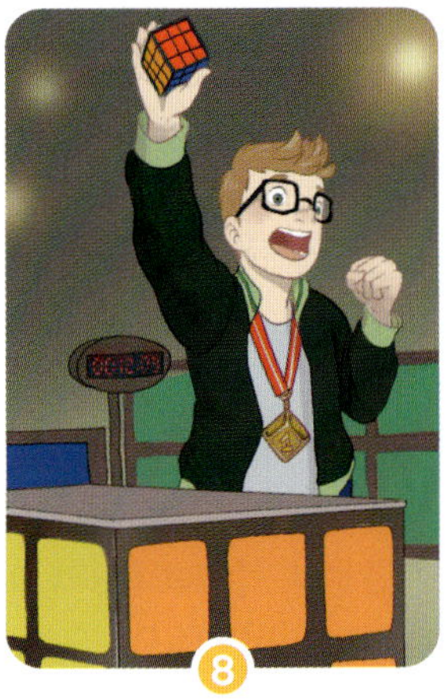

3 Qui est-ce ? Lis et complète les phrases.

  a. Il fait du sport. Il ne fait pas de natation. Il ne fait pas de course à pied. Il fait du … C'est …

  b. Elle ne fait pas de tennis. Elle ne fait pas d'équitation. Elle ne fait pas de danse. Elle fait du … et du … C'est …

4 Prononciation

Écoute les yeux fermés et trace dans l'espace **.**, **?** ou **!**.

Parcours 5
Le corps

5 À deux. Regardez les dessins.

a. Décrivez les personnages. Utilisez les parties du corps et petit/petite, grand/grande, mince, gros/grosse.

b. À votre avis, qu'est-ce qu'ils font comme sport ? Écrivez vos réponses sur une feuille. Aidez-vous des étiquettes.

| de la danse | du vélo | du tennis | de la natation |

6 À deux.
Regardez le sondage.

a. Quel est le sport préféré des Français ?

b. Classez les sports du plus aimé au moins aimé. Comparez vos résultats avec la classe.

c. Quel est le sport préféré dans votre pays ? Et dans votre classe ?

Le sondage du jour
Le top 10 des sports préférés des Français

- 8 % Le basketball
- 5 % Le golf
- 6 % Le rugby
- 4 % Le canoë-kayak
- 7 % Le handball
- 17 % Le tennis
- 11 % L'équitation
- 9 % Le judo
- 30 % Le football
- 3 % La plongée

7 **La marque dans le dos**

À deux. Qu'est-ce que tu fais comme sport ?

a. Pose la question à ton/ta camarade.

b. Il/Elle écrit lettre par lettre le nom du sport avec son doigt sur ton dos. Tu as deviné ? C'est gagné !

➕ **Activité** En groupes. Avec votre professeur(e), allez sur Internet et tapez dans la barre de recherche « chanson – sport – Soprano ». Regardez le clip. Qu'est-ce que c'est ? Où sont les personnages ? Qu'est-ce qu'ils font ?

Souviens-toi !

▶ **Nommer ses activités sportives**

– Qu'est-ce que tu fais comme sport ?
– Je fais du judo, de l'équitation et de la danse.
– Je ne fais pas de sport. Je ne fais pas de tennis. Je ne fais pas de natation.

- **Faire** : je fais – tu fais – il fait – elle fait – on fait – ils font – elles font
- **Les sports** : le football – le judo – le tennis – le vélo – la danse – l'équitation – la natation – la course à pied

Je découvre

Les jeux Paralympiques

Jeux Paralympiques d'hiver en Chine

Jeux Paralympiques d'été en France

Jeux Paralympiques d'hiver en Italie

Jeux Paralympiques d'été aux États-Unis

1. Regarde les emblèmes des jeux Paralympiques, écoute et réponds.

2. Regarde l'emblème des jeux à Paris. Qu'est-ce que tu vois ?

1. La Terre
2. Un visage de femme
3. Une flamme

3. Tu connais des champions paralympiques ?

4. Regarde les photos.
   a. Décris les sportifs et les sportives.
   b. Écoute et dis le sport des champions paralympiques.

1. Mareike Adermann
2. Daniel Dias
3. Ibrahim Hamadtou

4. Eléonor et Chloé Sana
5. Trésor Gautier Makunda
6. Vladimir Vinchon

Activité En groupes. Avec votre professeur(e), préparez des activités sportives. Exemples : courir les yeux bandés avec un guide. Lancer une balle de la main gauche si tu es droitier ou le contraire. Faire une course en sac.

Mes projets

Notre chorégraphie de zumba

1.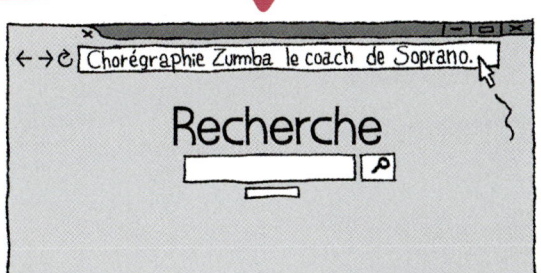

En groupes. Cherchez la chorégraphie d'une chanson en français sur Internet (exemple : la chorégraphie zumba du clip *Le coach* de Soprano) ou inventez une chorégraphie.

2.

Allez dans la salle de sport de l'école ou dans la cour de récréation et échauffez-vous. L'échauffement, c'est important !

3.

Répétez la chorégraphie avec votre professeur(e) de français, de sport ou seul(e)s.

Matériel
- Un pantalon et des chaussures de sport

6.

— Jambe derrière !

Apprenez la chorégraphie à vos ami(e)s en parlant français.

4.

Terminez la séance par des étirements et des exercices de respiration.

5.

Vous êtes prêt(e)s ? Invitez votre famille, vos ami(e)s et les élèves à venir vous voir.

Complétez la branche orange « Le corps » de votre carte mentale !
→ Carte mentale p. 72-73

Envie d'un autre projet ? **En groupes.** Réalisez le trombinoscope des sportifs/sportives de la classe.

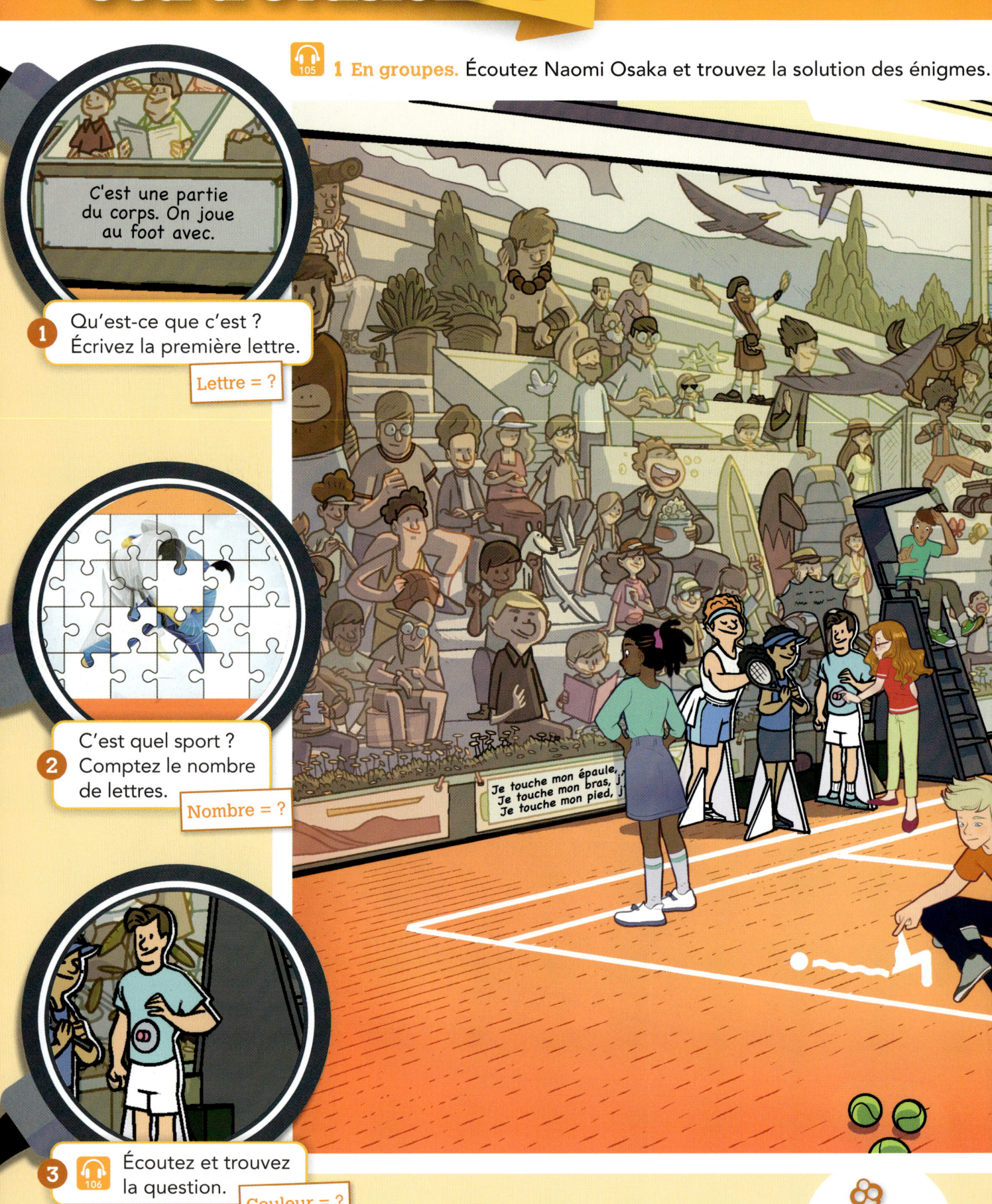

Tu vas où en vacances ?

 1 C'est les vacances ! Écoute Fatou et ses amis et montre les drapeaux.

 2 Écoute les enfants. Qui parle ?

① au Sénégal   ② au Maroc   ③ en Espagne   ④ en France   ⑤ aux États-Unis

3 **Le bouche à oreille**

Avec ta classe.

a. Affichez des drapeaux au tableau et faites deux lignes devant.

b. Le/La professeur(e) dit une destination à l'oreille des deux derniers élèves.

c. Chaque élève répète la phrase à son/sa camarade de devant. Le premier/La première élève touche le drapeau.

d. Le/La professeur(e) demande où il/elle va en vacances. Il/Elle donne la bonne réponse ? C'est gagné !

> Tu vas où en vacances ?   Je vais en Italie !

 4 **À deux.** Regardez les paysages sur les cartes postales.

a. À votre avis, ce sont les cartes postales de qui ?

b. Écoutez les phrases et vérifiez vos réponses.

① ② ③

④ ⑤ ⑥

Parcours 6
Mes vacances

5 Écoute les phrases et dis où ils sont en vacances.

6 Regarde les dessins, lis et corrige les phrases.

❶ Fatou et Jules sont dans le désert, en France.

❷ Nam est chez son grand-père et sa grand-mère, au Maroc.

❸ Carlos est à la montagne, au Sénégal.

7 a. Lis la question et réponds. Écris la question et la réponse sur une feuille. Aide-toi des étiquettes.

Tu vas où en vacances ?

> Je reste dans mon pays.   Je vais à l'étranger.
>
> en …   au …   aux …   à + …
>
> à la campagne   à la mer   à la montagne   dans le désert

b. À deux. Pose la question à ton/ta camarade. Il/Elle répond.

 Activité En groupes. Apportez et présentez des cartes postales en classe. Classez et affichez les cartes postales par paysages.

Souviens-toi !

▶ **Dire où on va en vacances**

– Tu vas où en vacances ?
– Je reste dans mon pays, en Espagne. Et toi ?
– Moi, je vais à l'étranger. Je vais au Sénégal, à Dakar ou aux États-Unis, à New York.

- **aller** : je vais – tu vas – il va – elle va – on va – nous allons – vous allez – ils vont – elles vont

- **rester** : je reste – tu restes – il reste – elle reste – on reste – nous restons – vous restez – ils restent – elles restent

- **Les paysages** : la ville / en ville – la campagne / à la campagne – la mer / à la mer – la montagne / à la montagne – le désert / dans le désert

Tu voyages comment ?

🎧 112 **1** Regarde les photos, écoute et montre le moyen de transport.

🎧 113 **2** Regarde les photos, écoute et dis comment on voyage.

> **a 2** : On voyage à pied.

a

1. en avion   2. à pied

b

1. à vélo   2. en voiture

c

1. en bateau   2. en bus

d

1. à moto   2. en train

🎧 114 **3** Ils voyagent comment ? Écoute et réponds.

4 **La pêche à la ligne des moyens de transport**

À deux.

a. Choisissez une ligne.

b. Ton/Ta camarade pose des questions pour trouver ta ligne. Il/Elle a trouvé ? C'est gagné ! À ton tour de deviner.

> Tu voyages comment ? À moto ?

> Non, je ne voyage pas à moto.

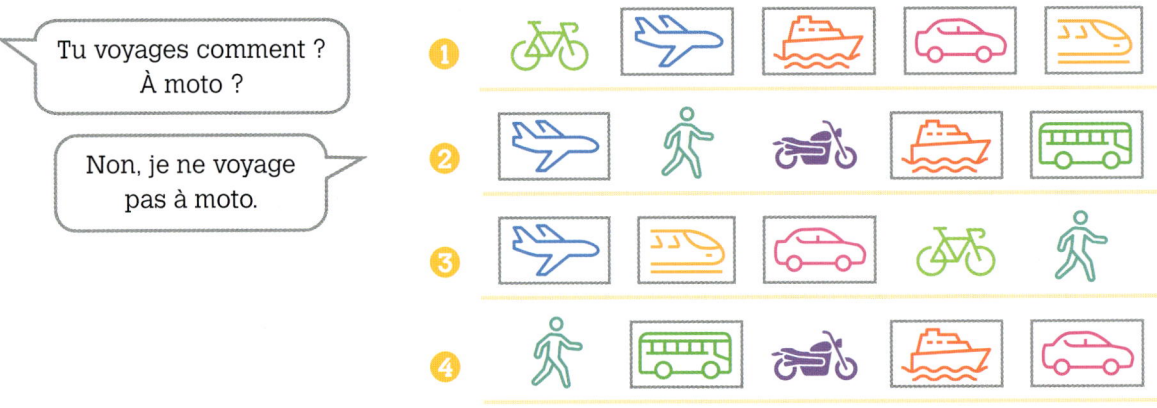

62 • soixante-deux

Parcours 6
Mes vacances

 5 **Prononciation**

Écoute et répète de plus en plus vite.

Vi**v**i **v**a à **V**ienne en a**v**ion. **B**a**b**ou **v**a à **B**onn en **b**us.

6 Regarde les dessins et complète les phrases. Aide-toi des étiquettes.

| allons | vais | voyageons | États-Unis | montagne |

| Barcelone | Espagne | New York | train | avion | bus |

a. Je vais …
   Je voyage …

b. Je …
   Je voyage …

c. Nous …
   Nous …

7 a. Lis les questions et réponds. Écris les questions et les réponses sur une feuille.

Tu aimes voyager ? Tu voyages comment ? À moto ? Tu as peur de l'avion ?

b. À deux. Pose les questions à ton/ta camarade. Il/Elle répond.

Souviens-toi !

▶ **Dire comment on voyage**

– Tu voyages comment ?
– Je voyage à vélo et en bus. Je ne voyage pas en avion parce que j'ai peur de l'avion.

- **voyager** : je voy**e** – tu voyag**es** – il voyag**e** – elle voyag**e** – on voyag**e** – nous voyag**eons** – vous voyag**ez** – ils voyag**ent** – elles voyag**ent**
- **Les moyens de transport** : le vélo / à vélo – le bateau / en bateau – l'avion / en avion – le train / en train – le bus / en bus – la moto / à moto – les pieds / à pied

Quel temps il fait ? Qu'est-ce que tu portes comme vêtements ?

1 Quel temps il fait ? Écoute la météo et montre sur la carte du monde.

2 Regarde la carte du monde, écoute et réponds.

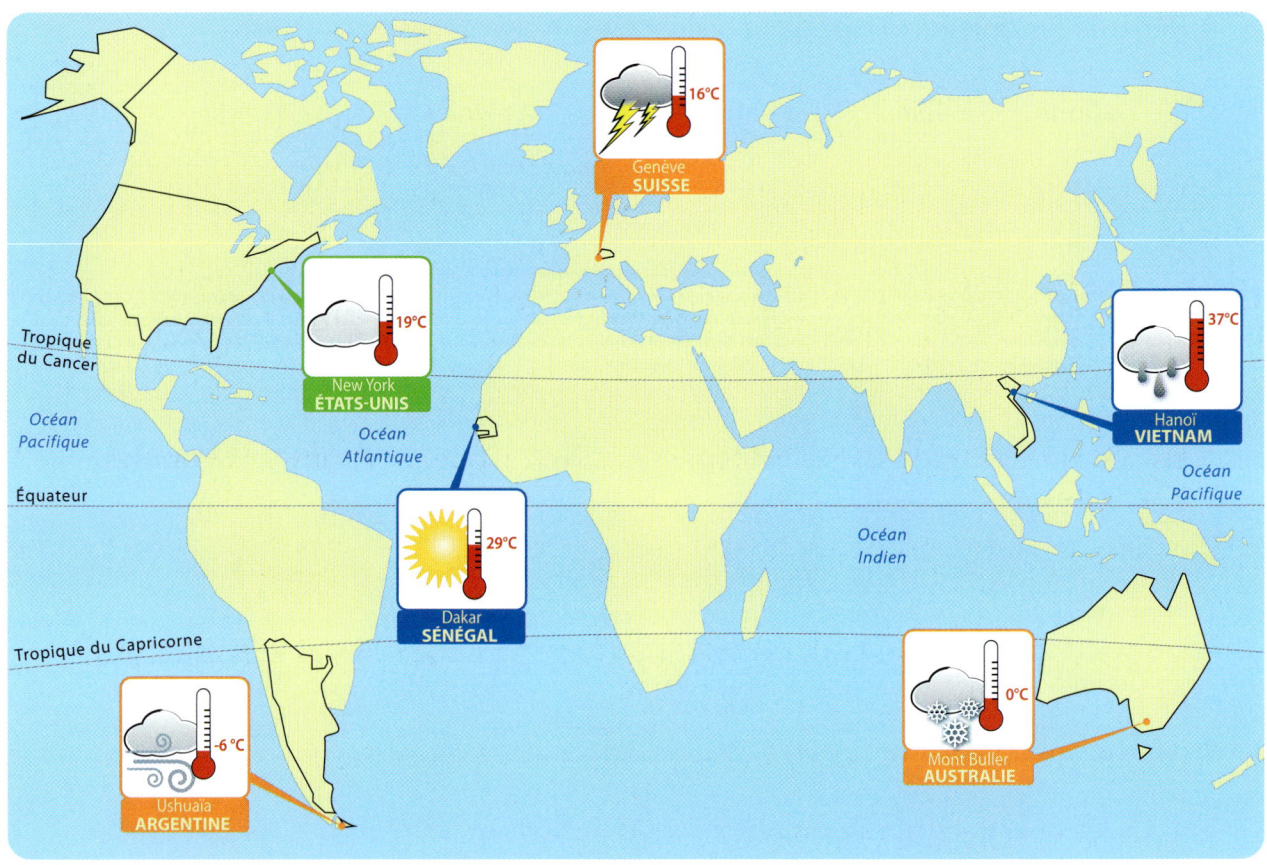

3 À deux. Regardez la carte du monde et présentez la météo. Aidez-vous des étiquettes.

Afrique	Argentine	Il y a du soleil.	Il fait moins ... degrés.
Amérique du Nord	Australie	Il y a du vent.	Il fait froid.
Amérique du Sud	Suisse	Il y a des orages.	Il fait bon.
Asie	Sénégal	Il y a des nuages.	Il fait chaud.
Europe	Vietnam	Il neige.	Il fait ... degrés.
Océanie	États-Unis	Il pleut.	

64 • soixante-quatre

Parcours 6
Mes vacances

 4 Regarde les dessins.
  a. Écoute et montre les vêtements.
   b. Écoute. Qui est-ce ?

 5 Regarde les dessins, écoute et réponds.

6 Lis la devinette, regarde les dessins et trouve le personnage. Invente d'autres devinettes.

Le personnage ne porte pas de pull gris. Il ne porte pas de robe verte. Il ne porte pas de maillot de bain. Le personnage est …

7 a. Lis les questions et réponds. Écris les questions et les réponses sur une feuille.

Quel temps il fait ? Qu'est-ce que tu portes comme vêtements ?

b. À deux. Pose les questions à ton/ta camarade. Il/Elle répond.

> **Vidéo** En groupes. Regardez le dessin animé *Indice 50*. Quel temps il fait ? Qu'est-ce qu'ils portent comme vêtement ?

Souviens-toi !

▶ **Dire le temps qu'il fait**

– Quel temps il fait ?
– Il fait chaud. Il y a du soleil.

- **Le temps** : le vent – le soleil – la neige – la pluie – les orages – les nuages
- Il y a du vent, du soleil, des orages, des nuages.
- Il pleut. Il neige. Il fait froid. Il fait chaud.

▶ **Dire les vêtements que l'on porte**

– Qu'est-ce que tu portes comme vêtements ?
– Je porte un maillot de bain. Je ne porte pas de pull.

- **porter** : je porte – tu portes – il porte – elle porte – on porte – nous portons – vous portez – ils portent – elles portent
- **Les vêtements** : un tee-shirt – un pantalon – un short – un pull – un chapeau – une robe – une casquette – des chaussures

soixante-cinq • 65

Je découvre

La géographie de la France métropolitaine

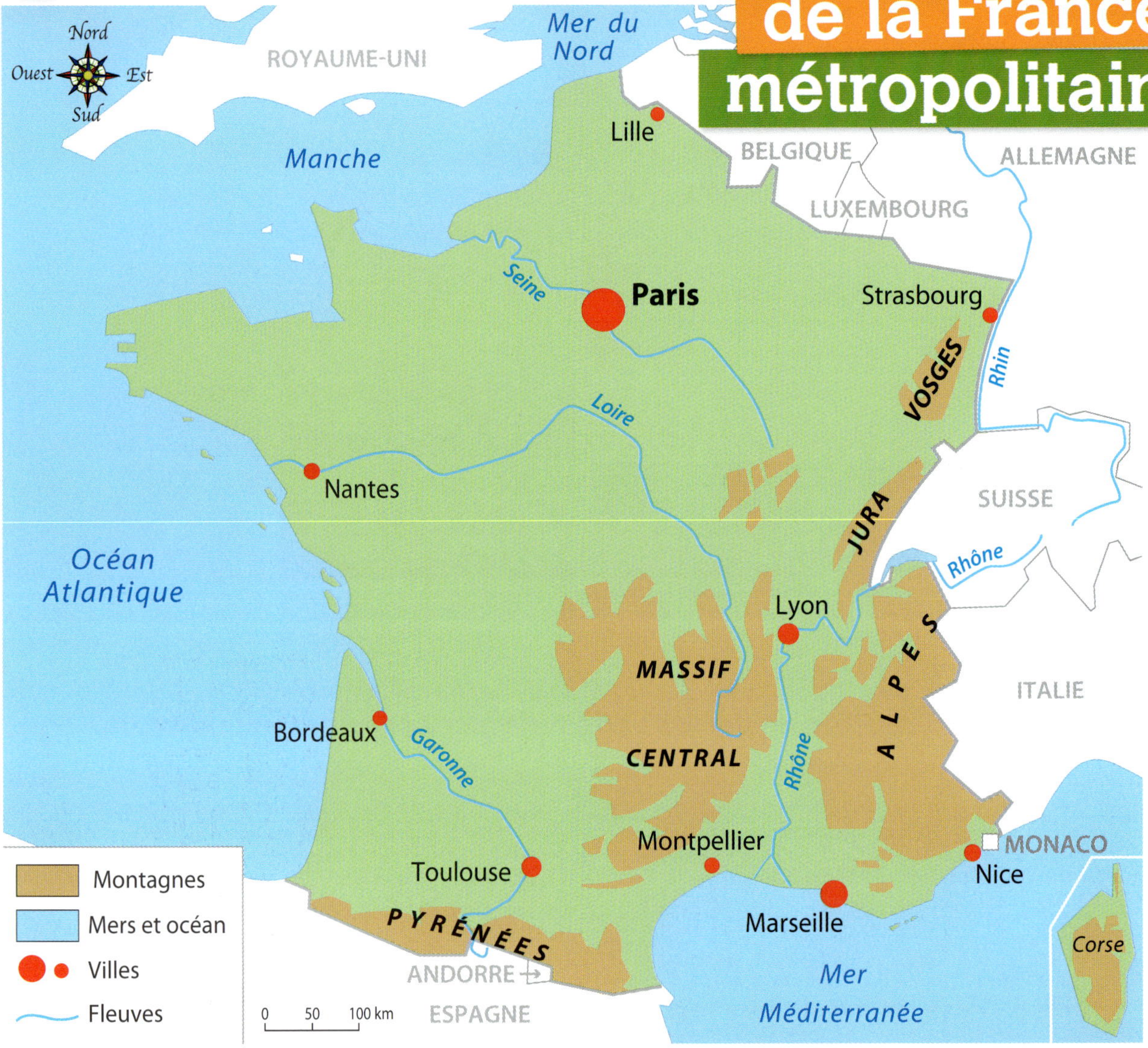

1. 🎧 121 Écoute et réponds aux questions.

2. Regarde la carte et dis les noms :
   a. des mers et de l'océan
   b. des fleuves
   c. des montagnes

3. 🎧 122 Regarde la carte et la rose des vents . Écoute et réponds.

4. À deux. Regardez la carte et classez le plus rapidement possible les villes de France de la plus grande à la moins grande.

✚ **Activité** Présente la carte géographique et la météo de ton pays, du pays de tes vacances ou de ton pays préféré.

Mes projets

Ma carte postale

Matériel
- une carte postale
- un timbre

1. Monsieur Lefèvre
13 rue Jean Moulin
75014 Paris

Demande son adresse à ton/ta professeur(e) de français et recopie l'adresse.

2.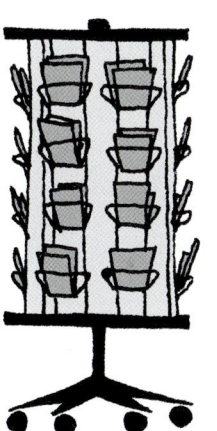

Tu es en vacances. Achète une carte postale et un timbre.

3.

Bonjour monsieur,

C'est Nam, ça va très bien. Je suis en vacances avec Jules à la montagne. Nous sommes en France, il fait beau !

Comment ça va ?

Bonnes vacances,
Au revoir !
Nam

Monsieur Lefèvre
13 rue Jean Moulin
75014 Paris

Écris ta carte postale en répondant aux questions suivantes :
Où tu es en vacances ? Avec qui ? Comment ça va ? Quel temps il fait ?
Demande à ton/ta professeur(e) comment il/elle va et n'oublie pas de dire bonjour et au revoir.
BONNES VACANCES !

Complétez la branche violette « Mes vacances » de votre carte mentale !
→ Carte mentale p. 72-73

Envie d'un autre projet ? Réalise ton itinéraire de voyage réel ou imaginaire.

Salle Jules Verne

4. Il manque quel vêtement ? Comptez le nombre de lettres.
Nombre = ?

5. Combien de voitures il faut déplacer pour garer la voiture grise ?
Nombre = ?

6. C'est quel paysage ? Comptez le nombre de lettres.
Nombre = ?

Quiz des talents

1 Lis le quiz et écris sur une feuille les numéros qui te correspondent.

1. J'aime lire.
2. J'aime chanter.
3. J'aime dessiner.
4. Je fais du sport.
5. J'aime être avec mes ami(e)s.
6. J'aime la nature.
7. J'aime les nombres.
8. J'aime travailler seul(e).
9. Je compte vite dans ma tête.
10. J'ai beaucoup d'ami(e)s.
11. J'aime écrire.
12. J'aime jouer aux jeux 3D comme le Rubik's cube.
13. J'aime bouger.
14. Je sais comment je suis : triste, content(e)…
15. J'aime le vent, la neige, la pluie, le soleil.
16. J'aime les énigmes des jeux d'évasion.
17. J'aime méditer.
18. J'adore les animaux.
19. J'aime apprendre ma langue et d'autres langues.
20. J'aime jouer dans le jardin.
21. J'aime danser.
22. J'aime aider les autres.
23. Je joue d'un instrument de musique.
24. J'aime réaliser la carte mentale.

2 🎧 126 Écoute le code couleur, colorie tes numéros et dis ta/tes couleur(s) principale(s).

3 Regarde les dessins.
   a. Trouve le/les personnage(s) qui correspond(ent) à ta/tes couleur(s) principale(s).
   b. Lis le/les profil(s). C'est comme toi ?
   c. Montre les résultats à ton professeur.

Comme Carlos, tu aimes être seul et travailler seul.

Comme Nam, tu aimes les activités de groupe et aider les autres.

Comme Mélodie, tu aimes jouer d'un instrument et chanter.

Comme Nadia, tu aimes les énigmes et les nombres.

Comme Fleur, tu aimes les animaux et la nature.

Comme Tibor, tu aimes les énigmes et les jeux en 3D.

Comme Jules, tu aimes faire du sport.

Comme Fatou, tu aimes lire et écrire.

La carte mentale de Nam

Habite
en France

Nom
Duy Nguyen

Prénom
Nam

MOI

MA FAMILLE

Âge
10 ans

Couleur préférée
marron

Nom
École Jules Verne à Paris

MON ÉCOLE

Professeur
Monsieur Lefèvre

Élèves
12 filles ♀ 13 garçons ♂

Matière préférée

le sport

Plat préféré
le phô

Jour préféré
le jeudi

72 • soixante-douze

CHEZ MOI

Animaux

Je n'ai pas d'animaux.

En France
à Paris

ma petite sœur Lan,
mon grand frère Phong, maman, papa

au Vietnam
à Dalat

ma grand-mère Bà ngoại,
mon grand-père Ông ngoại,
mon autre grand-père Ông nội

Adresse

Nam Duy Nguyen
42 rue Le Brun
75013 Paris

LE CORPS

Sport préféré

la course à pied

Champion préféré

Eliud Kipchoge

MES VACANCES

Transport

le bus

Lieu

à la montagne,
en France,
avec Jules

Grammaire visuelle

un   une   des   **le   l'   l'   la   les**

un crayon	des crayons		le crayon	les crayons
un frère	des frères		le frère	les frères
un œil	des yeux		l'œil	les yeux
un animal	des animaux		l'animal	les animaux
une omelette	des omelettes		l'omelette	les omelettes
une école	des écoles		l'école	les écoles
une sœur	des sœurs		la sœur	les sœurs
une trousse	des trousses		la trousse	les trousses

du   de l'   de l'   de la   des

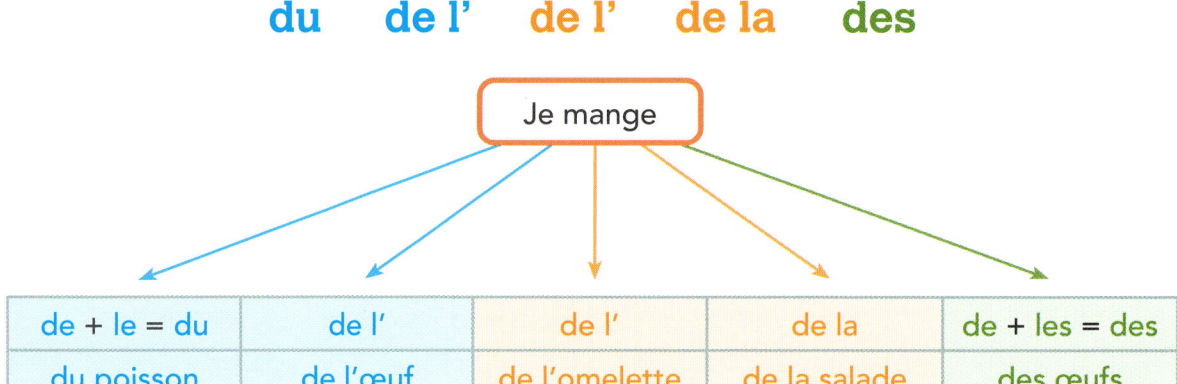

de + le = du	de l'	de l'	de la	de + les = des
du poisson	de l'œuf	de l'omelette	de la salade	des œufs

Exemples :
Je mange du poulet. Je **ne** mange **pas de** poulet.
Je mange de l'œuf. Je **ne** mange **pas d'**œuf.
Je mange de l'omelette. Je **ne** mange **pas d'o**melette.
Je mange de la salade. Je **ne** mange **pas de** salade.
Je mange des œufs. Je **ne** mange **pas d'**œufs.

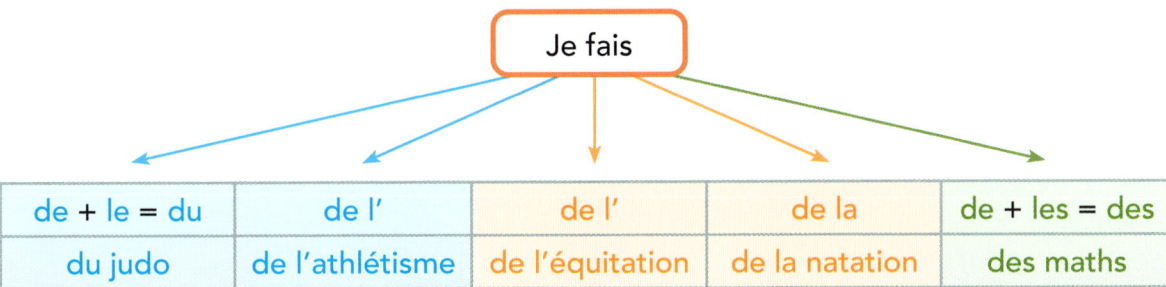

de + le = du	de l'	de l'	de la	de + les = des
du judo	de l'athlétisme	de l'équitation	de la natation	des maths

Exemples :
Je fais du judo. Je **ne** fais **pas de** judo.
Je fais de l'athlétisme. Je **ne** fais **pas d'**athlétisme.
Je fais de l'équitation. Je **ne** fais **pas d'é**quitation.
Je fais de la natation. Je **ne** fais **pas de** natation.
Je fais des maths. Je **ne** fais **pas de** maths.

Ils sont comment ?

un chat **noir** un **petit** chat un **petit** chat **noir**	des chats **noir**s des **petits** chats des **petits** chats **noir**s
une voiture **noire** une **petite** voiture une **petite** voiture **noire**	des voitures **noires** des **petites** voitures des **petites** voitures **noires**

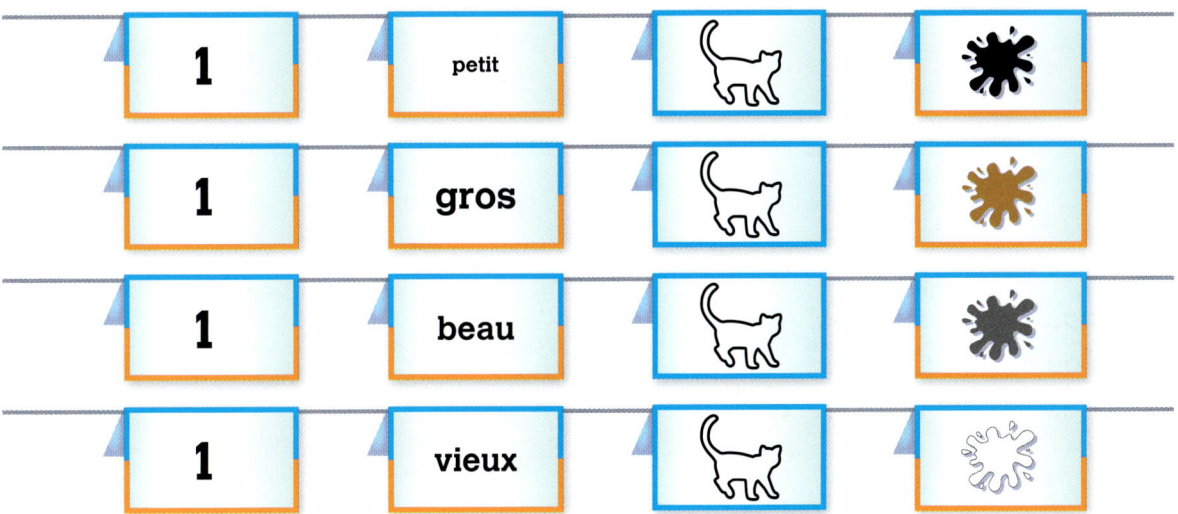

Grammaire visuelle

mon   ma   mes

mon crayon
ton frère
son livre

mes crayons
tes frères
ses livres

mon œil
ton animal
son ami

mes yeux
tes animaux
ses amis

mon école
ton omelette
son amie

mes écoles
tes omelettes
ses amies

ma trousse
ta sœur
sa tortue

mes trousses
tes sœurs
ses tortues

avoir	
OUI	NON
J'**ai** 11 ans.	Je **n'ai pas** 11 ans.
Tu **as** une sœur.	Tu **n'as pas** de sœur.
Il **a** un frère.	Il **n'a pas** de frère.
Elle **a** peur.	Elle **n'a pas** peur.
On **a** chaud.	On **n'a pas** chaud.
Nous **avons** chaud.	Nous **n'avons pas** chaud.
Vous **avez** sport.	Vous **n'avez pas** sport.
Ils **ont** mal.	Ils **n'ont pas** mal.
Elles **ont** les cheveux noirs.	Elles **n'ont pas** les cheveux noirs.

être	
OUI	NON
Je **suis** belge.	Je **ne suis pas** belge.
Tu **es** petit.	Tu **n'es pas** petit.
Il **est** grand.	Il **n'est pas** grand.
Elle **est** en 5e.	Elle **n'est pas** en 5e.
On **est** jeunes.	On **n'est pas** jeunes.
Nous **sommes** jeunes.	Nous **ne sommes pas** jeunes.
Vous **êtes** fâchés.	Vous **n'êtes pas** fâchés.
Ils **sont** malades.	Ils **ne sont pas** malades.
Elles **sont** tristes.	Elles **ne sont pas** tristes.

s'appeler

OUI	NON
Je m'app**elle** Nadia. Tu t'app**elles** Tibor. Il s'app**elle** Jules. Elle s'app**elle** Fatou.	Je **ne** m'app**elle pas** Nadia. Tu **ne** t'app**elles pas** Tibor. Il **ne** s'app**elle pas** Jules. Elle **ne** s'app**elle pas** Fatou.
On s'app**elle** Jules et Nam. Nous nous app**elons** Jules et Nam.	On **ne** s'app**elle pas** Jules et Nam. Nous **ne** nous app**elons pas** Jules et Nam.
Vous vous app**elez** Mélodie et Tibor. Ils s'app**ellent** Carlos et Fatou. Elles s'app**ellent** Fleur et Nadia.	Vous **ne** vous app**elez pas** Mélodie et Tibor. Ils **ne** s'app**ellent pas** Carlos et Fatou. Elles **ne** s'app**ellent pas** Fleur et Nadia.

ador**er**, aim**er**, chant**er**, détest**er**, écout**er**, habit**er**, jou**er**, parl**er**, port**er**, préfér**er**, regard**er**, rest**er**, voyag**er**

OUI	NON
Je regard**e**. Tu préfèr**es**. Il parl**e**. Elle port**e**.	Je **ne** regard**e pas**. Tu **ne** préfèr**es pas**. Il **ne** parl**e pas**. Elle **ne** port**e pas**.
On chant**e**. Nous chant**ons**.	On **ne** chant**e pas**. Nous **ne** chant**ons pas**.
Vous rest**ez**. Ils parl**ent**. Elles écout**ent**.	Vous ne rest**ez pas**. Ils ne parl**ent pas**. Elles n'écout**ent pas**.

⚠️ J'habite / Je **n'**habite **pas**.
J'aime. / Je **n'**aime **pas**.

faire

OUI	NON
Je **fais** du sport. Tu **fais** du yoga. Il **fait** du tennis. Elle **fait** de la course à pied.	Je ne **fais** pas de sport. Tu ne **fais** pas de yoga. Il ne **fait** pas de tennis. Elle ne **fait** pas de course à pied.
On **fait** de la natation. Nous **faisons** de la natation.	On ne **fait** pas de natation. Nous ne **faisons** pas de natation.
Vous **faites** du football. Ils **font** du tennis. Elles **font** du vélo.	Vous ne **faites** pas de football. Ils ne **font** pas de tennis. Elles ne **font** pas de vélo.

Grammaire visuelle

aller	
OUI	NON
Je **vais** en France.	Je **ne vais pas** en France.
Tu **vas** à la montagne.	Tu **ne vas pas** à la montagne.
Il **va** dans le désert.	Il **ne va pas** dans le désert.
Elle **va** à la mer.	Elle **ne va pas** à la mer.
On **va** à New York.	On **ne va pas** à New York.
Nous **allons** à New York.	Nous **n'allons pas** à New York.
Vous **allez** au Sénégal.	Vous **n'allez pas** au Sénégal.
Ils **vont** à la campagne.	Ils **ne vont pas** à la campagne.
Elles **vont** en ville.	Elles **ne vont pas** en ville.

au   à l'   à l'   à la   aux

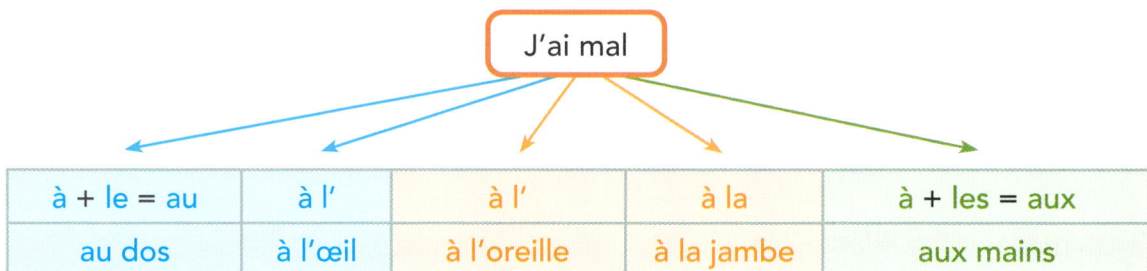

J'ai mal

à + le = au	à l'	à l'	à la	à + les = aux
au dos	à l'œil	à l'oreille	à la jambe	aux mains

Exemples :
J'ai mal au dos.   J'ai mal à l'oreille.   J'ai mal aux mains.
J'ai mal à l'œil.   J'ai mal à la jambe.

voyager en / à

EN	À
train – bus – voiture – avion – bateau	moto – pieds – vélo

Exemples :
Je voyage en voiture.
Je voyage à moto.

en   au   aux

en	au	aux
en Afrique	au Brésil	aux États-Unis

Exemples :
Je vais en Afrique. – Je vais au Brésil. – Je vais aux États-Unis.
Je reste en Afrique. – Je reste au Brésil. – Je reste aux États-Unis.

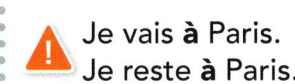
Je vais à Paris.
Je reste à Paris.

sur — devant — entre — à droite à côté de
sous — derrière — dans — à gauche à côté de

Quel   Quelle   Comment   Qui   ???   Qu'est-ce que   Est-ce que   Où

Tu as **quel** âge ?
On est **quel** jour aujourd'hui ?
Quel temps il fait ?
Quelle est ta matière préférée ?
C'est de **quelle** couleur ?
C'est **quelle** forme ?

Comment tu t'appelles ?
Comment ça va ?
Tu es **comment** ?
Ils sont **comment** ?
C'est **comment** chez toi ?
Tu voyages **comment** ?

Qui est-ce ?
Tu habites avec **qui** ?

Qu'est-ce que tu aimes à l'école ?
Qu'est-ce que tu aimes à la cantine ?
Qu'est-ce qu'il y a dans ta chambre ?
Qu'est-ce que tu fais comme sport ?
Qu'est-ce que tu portes comme vêtements ?

Est-ce que tu as tes affaires ?
Est-ce que tu as sciences aujourd'hui ?

Tu habites **où** ?
Tu vas **où** en vacances ?
Tu as mal **où** ?

Tu as des animaux ?

Couverture : EIDOS -TORINO
Maquette intérieure : EIDOS-TORINO
Adaptation graphique : Anne Krawczyk
Mise en page : Anne Krawczyk

Illustrations : Pacotine (leçons et personnages) ; Matéo Gallet (p. 17, 27, 37, 47, 57, 67) ; Caroline Simon (salle Adolphe Sax) ; Georgia Wolinski (salle Mary Jackson) ; Rémi Barbedienne (salle Reha Hutin) ; David Thiolon (salle Antoni Gaudi) ; p. 51 ASTERIX®-OBELIX®-IDEFIX® / ©2021 LES ÉDITIONS ALBERT RENÉ/GOSCINNY - UDERZO ; p. 55 Zelda Zonc ; Étienne Simon (salle Naomi Osaka) ; Agnès Kiefer (salle Jules Verne).

Documents : p. 16 © Céline Lamour-Crochet, extrait du livre Mon ABéCéDaire disponible aux Éditions MK67 - www.MK67.eu

Photos : © Shutterstock sauf p. 29 © Alpha Historica / Alamy Banque D'Images (Mary Jackson (1921-2005)) ; p. 30 © M. Mandrou ; p. 36 © Ian Dagnall / Alamy Banque D'Images (Vincent van Gogh (1853-1890), Self-Portrait with Bandaged Ear, oil on canvas, 1889) ; p. 39 © Alamy Banque D'Images / Aurore Marechal/ABACAPRESS.COM (Reha Hutin assiste à la remise du 36e Prix Littéraire 30 Millions d'Amis) ; p. 49 © GL Archive / Alamy Banque D'Images (Antoni Gaudi) ; p. 53 © Dennis Hallinan / Alamy Banque D'Images (The scream, 1893 by Edvard Munch at the Nasjonalgaleriet, Oslo, Norway), © Ian Dagnall / Alamy Banque D'Images (Vincent van Gogh (1853-1890), Self-Portrait with Bandaged Ear, oil on canvas, 1889), © Painters / Alamy Banque D'Images (Laugée Desiré François - *Visage d'homme à l'œil bandé*) ; p. 56 emblèmes Paralympiques © Comité international Olympique ; © Action Plus Sports Images / Alamy Banque D'Images (Mareike Adermann, 06.09.2012 Stratford, England), © PA Images / Alamy Banque D'Images (Brazil's Daniel Dias celebrates winning gold in the Men's 100m Freestyle - S5 final at the Aquatics Centre in the Olympic Park, London), © Aflo Co. Ltd. / Alamy Banque D'Images, photographe Nippon News (Rio de Janeiro, Brazil. 9th Sep, 2016. Ibrahim Hamadtou (EGY) Table Tennis : Men's Singles Class 6 Group Stage at Riocentro - Pavilion 3 during the Rio 2016 Paralympic Games in Rio de Janeiro, Brazil), © Eléonor et Chloé Sana, © Shingo Ito/AFLO/Alamy Live News), © Mark Davidson / Alamy Banque D'Images (Trésor Gauthier MAKUNDA, membre de l'équipe de France Paralympique à Londres, 2017. Mal-voyant, il court avec un guide. Il a remporté 4 médailles Paralympiques, sa devise : « L'avantage de mon handicap, c'est que je ne le vois pas ! »), © PA Images / Alamy Banque D'Images (Vladimir Vinchon during the Dressage Individual Championship Grade 3 at Greenwich Park) ; p. 59 © insidefoto srl / Alamy Banque D'Images (Naomi Osaka Japan Roma 16-05-2018 Foro Italico, Tennis Internazionali di Tennis d'Italia Foto Andrea Staccioli / Insidefoto).

Cartographie : p. 26, 46, 64, 66 © AFDEC (carte de la Francophonie ; plan de Paris ; carte météo du monde ; carte de la France).

Audio et vidéo : p. 16 © Philippe Katerine et Universal Music France, *Les Derniers Seront Toujours Les Premiers* ; p. 25 : © Kids United Nouvelle Génération, Ilyana, « Et si tu étais… Ilyana répond » ; p. 32 © Les Gobelins, école de l'image, 2012, *Rhapsodie pour un pot-au-feu*, réalisé par Charlotte Cambon de Lavalette, Stéphanie Mercier, Soizic Mouton, Marion Roussel ; p. 44 © Alain Le Lait, Yadeeda, *Dans ma chambre* ; p. 65 © ESMA, 2016, *Indice 50*, réalisé par Sylvain Amblard, Damien Clef, Joseph Guene, Mégane Fumel, Alexandre Belmudes, Mathieu Peters-Houg.

Enregistrements audio, montage, mixage : Quali'sons : David Hassici

Nous avons fait tout notre possible pour obtenir les autorisations de reproduction des vidéos et photos publiées dans cet ouvrage. Dans le cas où des omissions ou des erreurs se seraient glissées dans nos références, nous y remédierons dans les éditions à venir.

ISBN : 978-01-711276-1
©Hachette Livre 2021.

Le code de la propriété intellectuelle n'autorisant, aux termes des articles L. 122-4 et L. 122-5, d'une part, que « les copies ou reproductions strictement réservées à l'usage privé du copiste et non destinées à une utilisation collective » et, d'autre part, que « les analyses et les courtes citations » dans un but d'exemple et d'illustration, « toute représentation ou reproduction intégrale ou partielle, faite sans le consentement de l'auteur ou de ses ayants droit ou ayant cause, est illicite ». Cette représentation ou reproduction, par quelque procédé que ce soit, sans autorisation de l'éditeur ou du Centre français de l'exploitation du droit de copie (20, rue des Grands-Augustins, 75006 Paris), constituerait donc une contrefaçon sanctionnée par les articles 425 et suivants du Code pénal.